故宮收藏
Collections of the Palace Museum

玉器
Jade

你應該知道的200件

北京故宮博物院——編
張廣文——主編

藝術家出版社
Artist Publishing Co.

目　錄

唐至明 89

清 197

前言 | 張廣文

中國人使用玉器有很長的歷史，內蒙古自治區敖漢旗興隆洼新石器文化遺址、遼寧省阜新查海遺址出土的玉器都很精美，是8000年以前製造的，有學者認為，一萬年以前，玉器已被普遍使用。

玉文化滲透於中國古代文化的方方面面，有關玉的內容在文學創作、歷史記述、哲學思辨、世俗俚語中多有出現，玉器古來千千萬，除少量泯滅外，大量流傳於世，為今人所藏、所愛、所研究。

古人對於玉有很多的解釋，對於玉材的選擇標準也較為明確，從古文獻及所存古玉器上可以看出，古人對玉材的認識有具體的標準，也有神話崇拜。陰與陽是緣於環境而產生的古老世界觀，古人認為事務分為陰、陽兩個部分，表現形式是對立的，其中陽是主導，而玉是陽，又能調節陽，在自然界的生長、發展中具有重要的調節作用，《周易‧說卦》曰：「乾為天、為環、為君、為父、為玉、為金。」認為玉同天、君、父一樣是事物發展中的主導。《大戴‧禮記》載：「玉在山則木潤，川生珠則岸不枯，珠者陰中之陽也，故勝水，玉者陽中之陰也，故勝木。」認為玉利於自然界生物的繁衍、生息。晉干寶《搜神記》中有「種玉」的傳說，認為玉還有生命的性質。

古代玉器按其特點可分為新石器時代、商到西周時期、春秋至南北朝、隋以後四個發階段，新石器時代玉器同人們的社會活動關係密切，表現圖騰崇拜、氏族集會、軍事戰事、領袖身份、巫祝活動的玉器佔有很大的比重，玉與神靈的關係表現得非常明顯。

古人用玉來通神，以為神也要使用玉，巫師若佩上有玉製成的法器，便可與神對話，《說文解字》釋「靈」字「巫以玉事鬼神」。早期的玉器中，有很多作品是巫師的法器，安徽省含山縣凌家灘遺址出土的玉龜殼為背甲與腹甲兩塊，其間夾有一塊玉板，板上有陰線環形及放射形圖案，對此作品圖案所表示的內容，學者們有多種推測，作品的用途應是巫祝用來占卜事務或作法的工具。

新石器時期的玉器主要有幾何形玉器和動物形玉器，幾何形玉器造型來源於兵器和生產工具，又以方柱形器、鏟形器、環形器、弧形器最為普遍，並以這四種器形為基礎，形成了後來的禮器系統，動物形玉器以佩玉為多。

新石器時代玉器加工主要有線切割、片切割、砣製、磨製、劃刻、鑽孔工藝，形成了較系統的玉器加工技術，並使玉器的生產具有了產業化的特徵。

夏、商、西周時期玉器製作突破了區域性限制，有了較大範圍內的統一風格和使用方式，確定了禮器系統、佩玉系統的基本風格。

「禮」，古人將其解釋為「履」和「體」，有辦法、制度的含義。《周禮》有：「以玉作六器，以禮天地四方，以蒼璧禮天，以黃琮禮地，以青圭禮東方，以赤璋禮南方，以白琥禮西方，以玄璜禮北方。」依據這一記載，人們又把璧、琮、圭、璋、璜、琥稱為禮器。另外，商周玉器中又有較多的刀、戈、鉞.、戚、鏟，應是與六器配合使用的玉器，一些研究者認為，它們應為禮儀用器。在考古發掘的商周墓葬中，完全相同的禮儀用玉組合是非常難見的。這一時期，禮儀用器在玉器中所佔的比重很大，明顯表現出它的重要地位。夏商西周玉器的用玉大致可分為透閃石玉、蛇紋石玉和其他玉料三類，已有較為明確的玉料選擇標準，玉料的使用地域特點已不明顯。在裝飾上多採用長線條陰線裝飾，夏代多用長條紋，商代多用折線紋，西周多用弧線紋，少量有凸起的線條圖案。商代以後，玉器上較多地使用了動物圖案，商代的動物圖案與玉器形狀相統一，西周玉器上出現了與器物形狀無關的獨立圖案，主要為鳥紋、獸紋、龍紋、人紋，圖案有較為統一的幾種樣式。

春秋以後，玉禮器在玉器中的比重明顯下降，佩玉的比重大增。古代流行的雜佩系統發展到了頂點。古代佩玉產生於新石器時代，漸而流行，商周時期形成了大範圍內的較為統一的佩帶方式，《詩經》及其他古文獻中稱其為雜佩。佩掛於人身的前面，主要有龍形、璜形的珩，用於掛其他玉件，還有環、瑀、琚、衝牙、人獸形墜；人身兩側的佩玉有觿、韘，《禮記》：「左配紛帨刀礪小觿金燧，右佩玦捍管遰大大觿木燧。」周以後又出現了玉具劍、玉印。

人們佩玉的目的是多樣的，在一定的場合，佩玉和執玉能表明身份。《禮記》：「天子佩白玉而玄組綬，公候佩山玄玉而朱組綬，大夫佩水蒼玉而純組綬，世子佩瑜玉而綦組綬，士佩瓀玫而縕組綬。」說明不同身份的人佩玉和執玉不同。有學者認為，根據這一記載，在這一階段，士以下的階層是不佩玉的。在一定的情況下，佩玉又表明人的情趣和修養，「比德於玉」是人們的一種重要追求。《禮記》記子貢問孔子：「敢問，君子貴玉而賤珉者何也？」孔子答：「夫昔者君子比德於玉焉……詩云言念君子，溫其如玉，故君子貴之也。」又記：「凡帶必有佩玉，惟喪否，佩玉有衝牙，君子無故玉不去身，君子比德於玉焉。」

此階段的玉器，對玉材的要求較高，突出了材質的溫潤，器物小巧而精緻，紋飾滿而密，將單元圖案進行二方排列或四方排列，形成圖案組合，谷紋、蒲紋、臥蠶、勾雲、蟠螭、獸面，形成了中國玉器的古典風格。自春秋到南北朝，延續了數百年，一直影響到現代。

唐以後，自然與寫實成為玉器的主流風格，玉器的品種也發展到社會生活用具

的方方面面，考古發掘中的大墓多玉現象發生了改變，帝王用玉而士以下不用玉已成為歷史，玉器進入到尋常百姓家。這一時期的玉器充滿了發.展的活力，各種自然現象出現在圖案之中，鳥獸、花草、樹木、山川都成為玉器表現的對象，是否真實、生動、圖案準確成為評價玉器.藝術水準高低的標準，這是一個極其巨大的變化和進步。

在自然、時尚成為玉器追求的同時，古典玉器又以新的仿古玉的面貌出現在世人面前，成為玉器品種的又一組成部分。有學者認為，唐代已出現了仿古玉器，但情況尚不明瞭。宋代是仿古玉器的成熟期，宋人呂大臨著《博古圖》收錄玉器十四件，其中一些作品應是當時的仿古器。另外，考古發掘到的宋人墓葬中分別出土有仿古獸面紋玉卣、螭紋玉璧，傳世玉器中還有大量仿古玉器被學者推測為宋代所造，宋代文獻也記載了當時的古玉市場情況。宋代以後古玉市場的發展，為仿古玉器的發展提供了條件，這種情況一直持續到當代。

清代玉器可劃分為清早期、乾隆嘉慶時期和清晚期三個階段，北京小西天黑舍里氏墓出土的康熙年間的玉佩，選料、加工都具有相當高的標準。清代宮廷玉器是古代玉器發展的最高峰，代表作品為大件玉陳設、玉器皿、玉圖畫、玉佩件。大件玉陳設有大玉山、大玉甕、大玉瓶、玉編磬、玉屏風，不僅數量多，而且製造精；玉器皿有仿古玉器皿和時樣玉器皿，面平，角直，胎體均勻，圖案準確；玉圖畫多為玉山子、玉圖屏，為工筆繪畫的立體表現。清代宮廷玉器的特點主要表現在玉料的使用、設計和加工等方面，所用白玉、青玉、綠玉、黃玉、墨玉都能體現自身的特點；宮廷畫家參加了玉器設計，提高了作品的藝術性；集中了當時最好的玉工，工具的精確度也有了較大的提高。清代宮廷玉器為中國古代玉器的發展做了完美的總結。

新石器時代

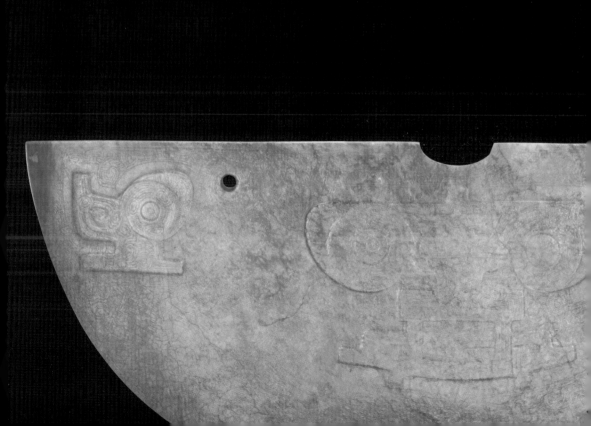

新石器時代，出現了用玉歷史上的第一個高潮，尤其是在六千年前及其後的一段時間內我國東部沿海地區，華北的山西、內蒙古地區，西部的陝西、甘肅、青海地區，中部的江漢地區相繼出現了大量的玉器，這些玉器中，自工具演變而來的玉器、簡單幾何形狀的玉器、動物圖案及造型的玉器佔有主要位置。各不同文化區的玉器，使用的玉材有所不同，但透閃石玉料、蛇紋石玉料在不同文化區內部都有出現，且佔有重要位置，說明在這一時期的很大範圍內有了較為統一的用玉標準。另外，各地區間的玉料交流已出現，玉器交流也已出現，玉器生產和使用出現了繁榮的局面。

1
玉琮
【新石器時代良渚文化】
高31.9公分　　上寬7.2公分　　下寬6.3公分

◎深青色。方柱形。中有一通孔，外表
　分為十一節，每節四角各飾一人面紋。
◎玉琮在良渚文化墓葬中大量發現，少
　則二節，多則十數節。四角所飾或為人
　面，或為獸面紋。這種多節大型玉琮，
　一般僅飾人面紋。

◎黃褐色，有燒烤痕跡。形似半璧。正面中部琢凸起的獸面
紋，上兩角各有一凸起的鳥紋，鳥紋為側面形。獸面紋兩側
有細陰線琢出的獸肢。背面飾陰線錦紋和雲雷紋。

◎此器的獸面紋、鳥紋為典型的良渚文化玉器紋樣；陰線圖
案異常纖細，線條不甚直，為手工刻出，是良渚文化玉器的
典型加工方式。

2
玉獸面紋璜
【新石器時代良渚文化】

長21.3公分　　寬8.4公分　　厚0.7公分

3

玉獸形玦

【新石器時代紅山文化】

高15.4公分　寬10.5公分

◎青黃色。獸頭較大，似豬頭，耳大而上豎，面部有寬而淺的陰線眼廓。獸的頸部有穿孔，可以穿繩懸掛。曲身，尾端與嘴之間斷開。

◎有口之環名為玦。類似的獸形玦，在紅山文化遺址中多有發現，器形大小不一，是原始先民崇拜的神器。

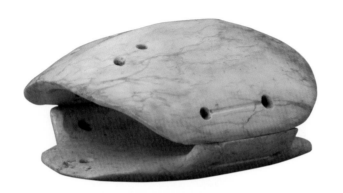

4
玉龜甲、玉刻圖長方板
【新石器時代紅山文化】
背甲長9.4公分　　寬7.6公分
腹甲長7.9公分　　寬7.5公分
玉板長11.4公分　　寬8.3公分

◎玉已白化，有赭色斑。

◎出土時玉板夾於龜甲間，應是巫師使用的重要法器。對於玉板上的圖案，目前有多種解釋，表現出豐富的文化內涵。

◎1987年安徽含山縣凌家灘出土。

5
玉獸面紋圭
【新石器時代龍山文化】
高21.8公分　　寬5.5公分　　厚1公分

◎玉表面黑亮如漆，端部微呈青白
色。所飾為陰線獸面紋、卷絲紋、陽
線弦紋、變形獸面紋，紋飾種類繁
多，具有一定的代表性。

◎北京故宮博物院還藏有一件同樣風
格的玉圭，僅為半段，從斷口處可看
出玉表面黑褐色為染色。此玉圭之色
亦可能為人工染色。

6
玉人首
【石家河文化】
高6.3公分　寬2.6公分　厚1公分

◎青玉，有灰白色沁。片狀。額部有一道橫箍，箍上方有密集的短豎線，表示頭髮。此種髮型，在商代人首上常出現。人眼近似於「臣」字形，眼角略長，鼻翼、嘴都較寬，為商代玉人首的明顯特徵，人首中部有一孔，可穿繩。

7

玉鷹攫人首佩

【新石器時代——商代】

高9.1公分　　寬5.2公分　　厚0.9公分

◎青黃色，有大面積的褐色沁，並帶有白色水沁。

◎同類型的玉佩在上海博物館、天津藝術博物館都有收藏，傳世玉器中有一批玉圭也帶有類似的鷹鳥紋，鷹鳥紋皆由凸起的弦線構成。有些學者認為，在新石器時代，玉器上的陰線紋飾較陽線紋飾更難加工，因而陽線紋飾顯得較為成熟。目前考古發掘中尚未發現此類紋飾的玉器，因而這類作品的確切年代尚待進一步研究。

夏商及西周

夏、商及西周時期，古代玉器有了高度的發展，一些墓葬中發現的玉器數量巨大，品種多樣，所用玉料主要為蛇紋石玉、透閃石玉，另外還有南陽玉料。

　　這一時期玉器裝飾圖案主要為長線條紋飾，以陰線為多，並有少量的凸線紋，陰線紋中又大量使用了一面坡陰線，即把陰線的一側線牆琢成坡狀，且兩條陽線並行構成圖案。

　　夏、商、西周時期的玉器，同新石器時代玉器在品種與製造風格上有明確的繼承關係，琮、璧、圭、璋、璜等禮器用玉，直接來源於新石器時代的龍山文化、良渚文化、齊家文化及其他地區的新石器文化，且有了變化和發展。新石器時代的一些佩玉品種，也成為商周時期的重要玉器。另外在玉器的品種上，較新石器時代有了較大的發展，在禮儀用器、佩玉、器皿、喪葬用玉等方面都出現了一些新的品種。

8
玉牙璋
【商早期】
長36.8公分　　寬11.6公分　　厚0.6公分

◎青褐色，帶有斑紋。片狀，後部可拴器柄，稱為「內」，前部稱為「援」。援與內相交處兩側有凸齒，凸齒間又有細陰線紋。

◎這種凸齒及成組的細線紋是商早期玉戈、玉牙璋上經常出現的裝飾。此種玉器在四川廣漢三星堆遺址及河南偃師二里頭遺址都有發現。吳大澂《古玉圖考》名其為牙璋，雖不確切，但廣泛使用。

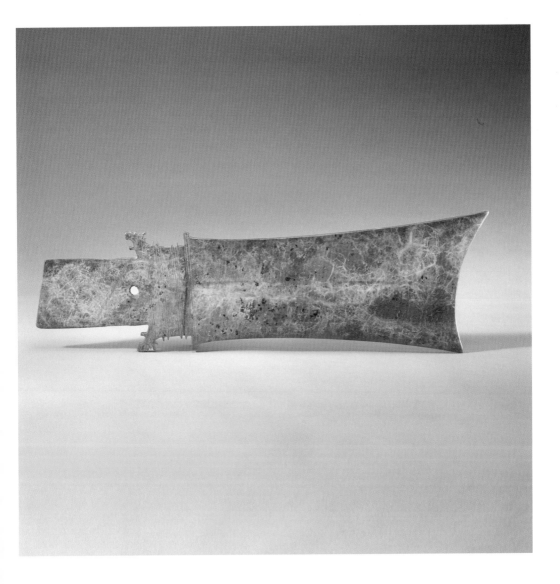

9

玉弦紋環

【商】

直徑12.5公分　　孔徑6.6公分

◎青綠色，有白色水沁。環極薄，表面琢陰線弦紋。孔部有一周凸起的邊稜。

◎這類玉環在商周墓葬中多有發現，表面多飾弦紋，有的弦紋很淺，似有似無，或僅有磨痕。

10
玉戈
【商】
長47.7公分　寬10.5公分

◎牙白色。孔之前部稱為「援」，援一側有刃，前部為尖鋒，援中部有一道凸脊。孔之另一側稱為「內」，長方形。孔於援與內相交處，用以穿繩繫柄。

◎商代的玉戈、玉璧等禮器，一般不用新疆玉或岫岩玉，所用玉材色澤純正而無透明感，可能出自河南地區。

11
玉獸形玦
【商】

長6.6公分　　寬2.5公分　　高2.3公分

◎玉呈青黃色，局部有白色水沁。兩端貫一通孔，孔徑不等，一端孔徑略大。獸頭較大，眼為雙陰線「臣」字形，角為蘑菇形，獸身飾折線紋。

◎此器近似於圓雕，獸形似龍，此類作品非常罕見。

12
玉牛形珌
【商】

長4.8公分　　孔徑0.9公分

◎青綠色玉，局部有黑色沁。圓筒狀，琢成牛形。頭部略細，角貼於頸部，其上有「︿」形飾紋，牛尾為一個小的凸榫，牛眼為「臣」字形。

◎作品注重外形表現，體表轉折處較方正，不圓潤，為商代立體玉獸造型的典型特徵。

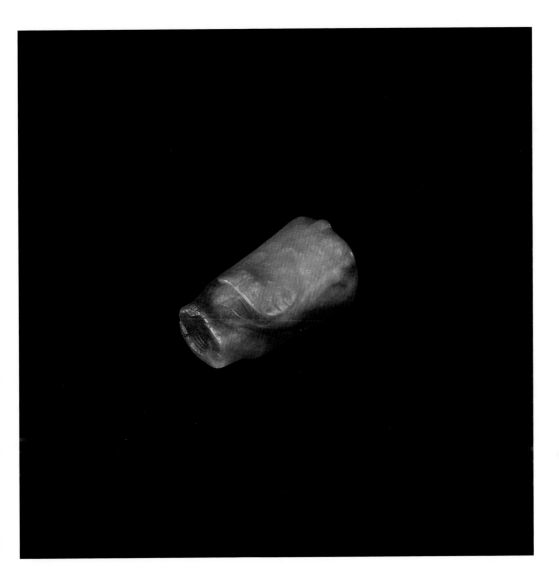

13
玉龍形玦
【商】
高5.9公分　寬4.4公分

◎青玉，局部沁色較重。龍頭較大，雕琢細緻，柱形角，寬鼻，「臣」字形眼，有商代獸面紋的典型特徵。龍身細長，雕琢簡練。
◎龍形玦在新石器時代已出現。此龍大頭細身，首尾相接，與紅山文化獸形玉玦造型近似。

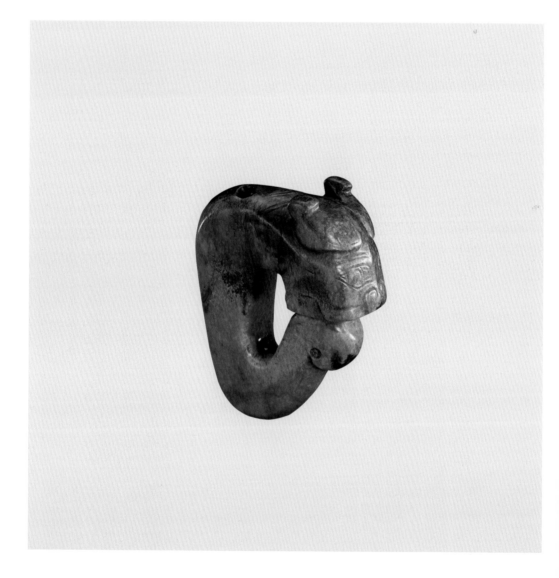

14
玉弦紋箍

【商】

高5.4公分　　口徑6.6公分

◎青綠色，局部受沁呈白色。圓筒狀，壁極薄，上下口有向外捲的唇沿。器外表有數周凸弦紋和陰刻線紋，一側琢有文字，模糊不可識。

◎此器與一些商代玉璧用料類似，玉色青綠而無透光感。所飾弦紋和陰線圓環紋是商代玉器上常用的裝飾紋樣。

15
玉鳥形佩
【商】
高7.8公分　寬3公分

◎青綠色。片狀，鳥冠呈勾捲式，外緣飾「凹」形齒。
◎帶有這種齒形裝飾的玉鳥，僅見於商代，且製造得異常精緻，是商人崇拜鳥的表現。此鳥身所飾雙陰線折線紋，轉角方硬，佈局嚴整，為商代紋飾的典型風格。

16
玉高冠鳥
【商】
高13公分　寬3.2公分

◎青綠色。近似於圓雕作品。鳥冠與
商代柄形器近似，其上有花瓣紋，鳥
身飾雙陰線折線紋。

◎此種玉鳥目前僅見此件。

玉人首

【商】

高4.3公分　寬3公分　厚0.7公分

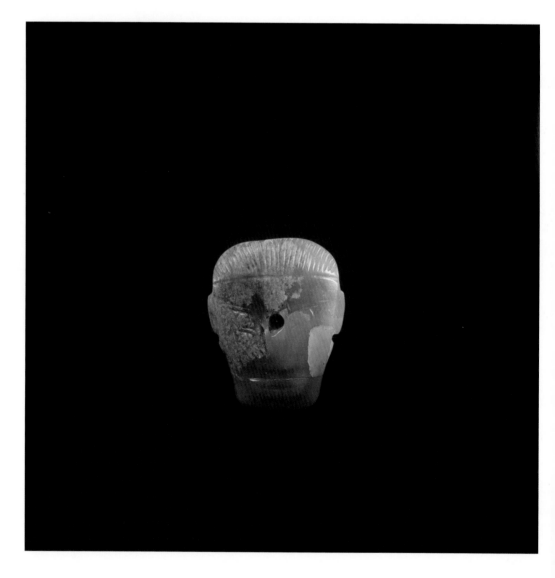

◎青白色，有水沁。片狀，人首略長，頭戴冠，直鼻，鼻略高，大眼。

◎此人首同四川廣漢三星堆商代遺址出土的銅人首特徵略有相同，是商代人物造型的又一風格。

18
玉龜
【商】
高5.7公分　　寬4.3公分　　厚1.5公分

◎青色，帶有朱砂紅色。四肢及頭皆呈片狀，頸部飾淺而寬的陰刻橫線，四肢上有成排的陰刻線，示為爪。

◎商代的圓雕動物作品非常少見，此為其一。

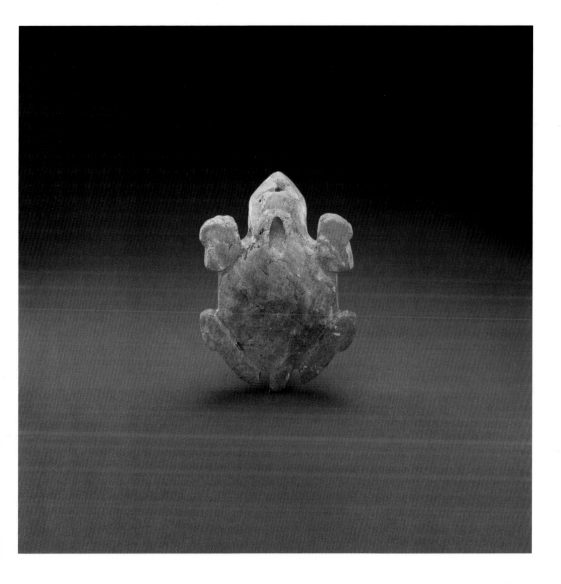

19

玉螳螂

【商】

高8.4公分　寬1.2公分　厚0.5公分

◎青白色，無透明感，局部有沁色。似玉片。簡練地裁出外輪廓，腹部較誇張，頸部有陰線飾紋。螳螂眼部為擠壓法琢出，呈凸起的圓形，這是商代玉鳥、蟲常用的眼部雕琢方法。

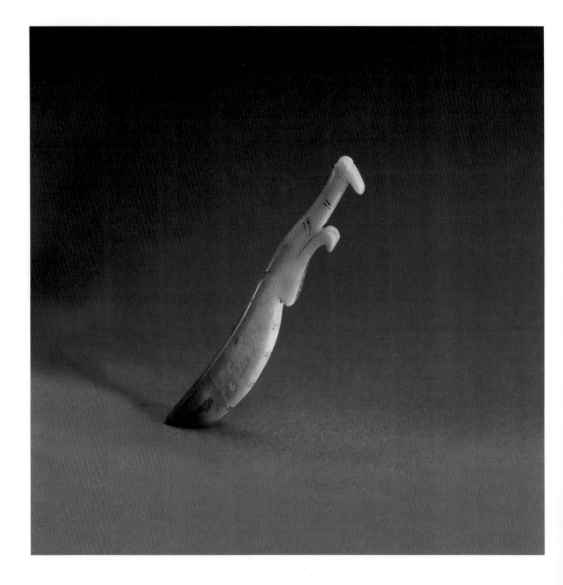

20
玉獸首觹
【商】
高10.8公分　　寬2.2公分　　厚2公分

◎暗綠色，局部有赭色沁。角形。上部琢獸面紋，平行四邊形眼，寬鼻，是商代獸面紋的又一類型。觹下部飾多層的大三角紋，這種紋飾可能是由蟬紋演化而來。

◎觹為角形佩飾，尖端用以解結，玉質觹較其他質地作品珍貴。

21
玉獸面紋戈

【商晚期】

高16.3公分　　寬7.4公分　　厚0.3公分

◎青灰色，局部有白色石灰沁。較薄，邊緣為兩面磨出的坡狀刃，自尖端至內部有一條凸起的脊線，內部琢雙陰線獸面紋，獸面為寬鼻，「臣」字形眼，柱形角，是具有代表性的商代紋飾。

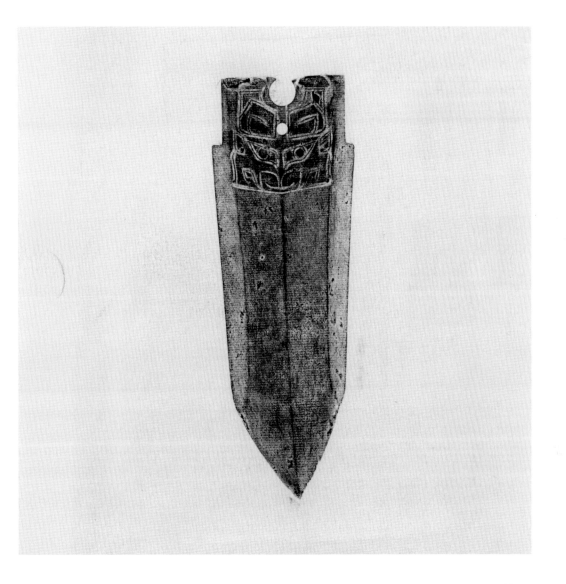

22
玉獸首鳥紋飾
【西周】
高4.4公分　　寬2.6公分　　厚1.5公分

◎青白色，局部含黑色斑點。片狀。下部似器柄，飾橫向的
弦紋。上部琢陰線鳥身，並有一凸起的獸頭，獸嘴似鳥喙，
向裡勾捲。

◎此玉飾造型、雕琢方式與所飾鳥紋、弦紋及片形獸眼均十
分古樸，是西周或更早一些時期的作品。

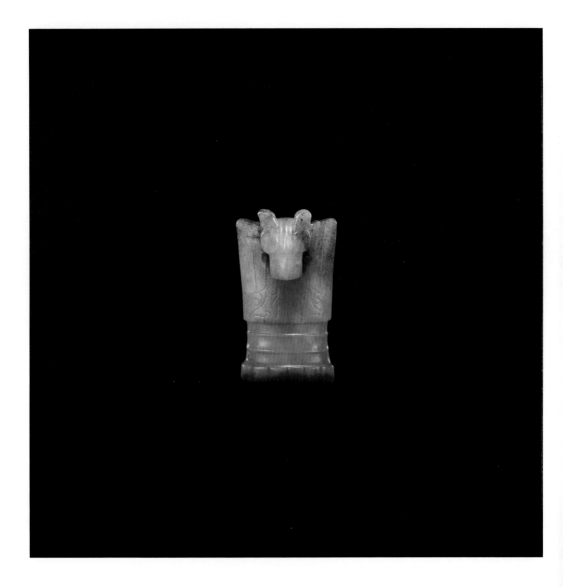

23
玉龍鳥紋柄形器
【西周】

高17.1公分　寬3.7公分　厚0.7公分

◎青綠色，有赭色沁斑。上端有心
形雙孔，孔壁直而規整。所飾三鳥
造型相同，翅自身後向上沖向頭
頂，尾下垂而前捲。

◎這類鳥紋在西周玉器上廣泛出
現，是西周玉器最常見的紋飾。

24
玉鳥獸紋柄形器
【西周】
高11.5公分　寬2.1公分　厚0.5公分

◎青白色，有黑色條斑。典型的柄形
器造型。上部琢龍紋，下部琢鳥紋，
皆以一面坡陰線構成，線條以長弧線
為主。龍身似獸，眼近似於「臣」
字，眼角尖而長，與商代獸面上的
「臣」字形眼不同。鳥為長頸、小
頭、勾喙，是典型的西周玉器紋樣。

25
玉人獸複合紋柄形器
【西周】
高14.7公分　寬3.4公分　厚1.2公分

◎青綠色，局部有白色水沁。兩面紋飾相同。一端所雕似為人首，腦後有髮，屈身，身下似為一龍。人身及龍身皆以一面坡弧線紋組成。

◎西周玉器紋飾，以人紋、龍紋、鳥紋最為常見，紋飾特徵又大體相同。此作品集人、龍紋為一器，較罕見。

26
玉夔紋人首佩
【西周】
高8.3公分　寬1.5公分　厚0.4公分

◎青黃色，褐色條紋狀沁。人腦後及胸各飾一夔首，屈膝坐姿。

◎作品為人、獸複合體，類似的作品在西周墓葬中亦有發現，是西周時期較為流行的佩玉。

27
玉鏤雕人形佩
【西周】
高6.9公分　厚0.5公分

◎青白色，有褐色沁。人之腦後及胸部各有一龍首，表現出人、龍同體關係。

◎西周玉器中常見此類作品，但以此件最精。人身飾長弧線紋，有明顯的西周紋飾特色。商周玉人跪姿頗多，且衣著華麗，是當時禮儀制度的反映。

28
玉龍紋璜
【西周】
長16.6公分　寬3.5公分　厚0.75公分

◎青黃色，有褐色沁斑。近似半圓形，兩端雕龍首，兩龍似有翅，龍身勾連，龍身以一面坡長弧線構成。
◎此璜是西周玉璜的典型樣式。

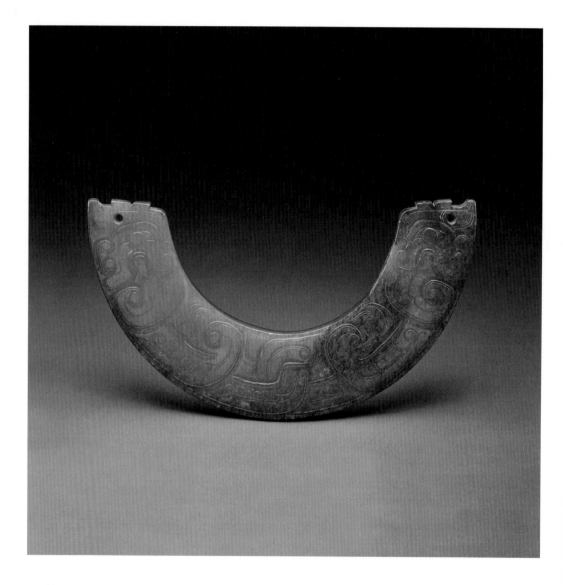

29
玉鳥紋璜
【西周】
長9.2公分　寬1.8公分　厚0.4公分

◎青白色，局部受浸染。半環形，兩端有孔，可穿繩繫掛。

◎商、西周時期，鳥紋玉璜較流行，東周以後，鳥紋玉璜很少出現。

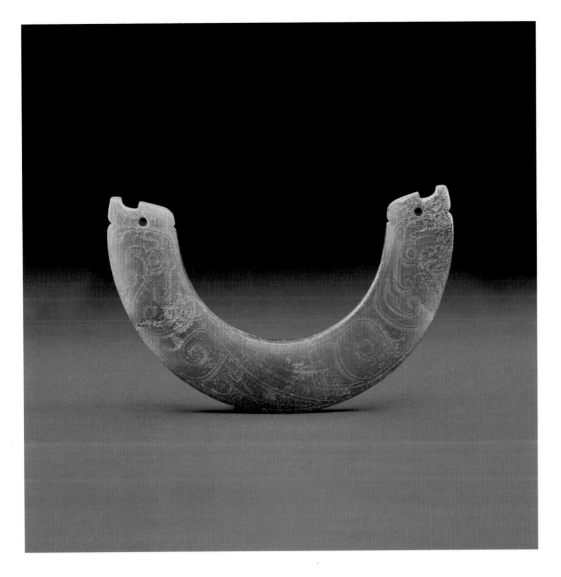

30

玉雙獸紋璧

【西周】

直徑16.1公分　孔徑5.9公分　厚0.4公分

◎新疆青玉,有白色水沁。璧一側微凹,兩面皆飾陰線雙獸紋,獸形似龍。是西周玉器典型紋飾。獸為臥形,尾粗而長,身飾弧形紋,嘴上翹,眼角有較長的曲線。

31

玉獸面紋飾

【西周晚期—春秋早期】

高3.1公分　寬5公分　厚0.4公分

◎青黃色，有褐色沁。片形，中部弧凸，局部鏤空。表面琢陰線獸面紋，獸面紋以一面坡陰線構成，線條多呈長弧狀，帶有西周玉器紋飾風格。獸面短而寬，器邊緣呈凸凹的齒狀，為春秋獸面紋玉片的特點。

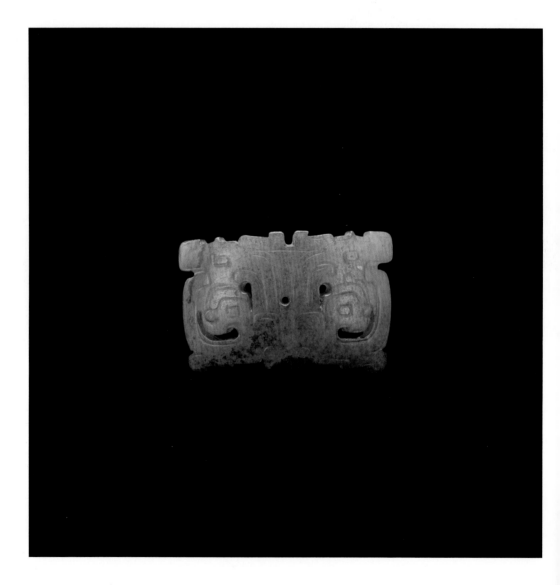

春秋戰國至南北朝

春秋以後，玉禮器的使用明顯減少，僅發現有少量的琮、圭、璋、璜，主要被用為佩玉。璧的功能多樣化，且更帶有珍寶的性質，和氏璧的故事便是在這種情況下演繹而成。玉器中高檔玉料作品明顯增加，其中的玉器皿、立體玉獸、鏤雕玉佩尤為珍貴，目前已發現的玉器皿主要有玉燈、玉酒樽、玉杯、玉盒，數量很少，立體玉獸主要有玉馬、玉羊、玉辟邪、玉鳩首、玉牛、玉熊、玉鷹。一般為玉鎮，還有的將獸體掏空，做貯水工具。

在這一時期的玉器中喪葬用玉佔有非常重要的位置，主要品種有用於面部的綴玉面幕，用於九竅的玉塞、蓋，手中的玉握，還有主要流行於漢代的玉衣，一些墓葬中還出現了玉枕、棺槨嵌玉及專門用於入葬的明器玉器。

32
玉虎面紋飾
【春秋】
長4.6公分　高3.9公分　厚0.4公分

◎青白色，有較多的褐色沁。片狀，虎面短而寬，眼、眉集中於前部。器周邊呈凸凹狀，為典型的春秋獸面玉片特徵。雙陰線紋中尚有較多的弧線，接近西周玉器紋飾風格，但已不用一面坡陰線，與西周紋飾有別。

33
玉人首
【春秋】
高6.9公分　寬3.7公分　厚1.4公分

◎青白色，有較重的赭色沁。片狀人首，頭頂之冠小而不明
顯；大耳，耳下有環。外形近似於商、周時期玉人首，器表
面佈滿隱起的勾雲紋，為春秋玉器典型風格。
◎此類作品非常罕見，十分珍貴。

34
玉龍首璜
【春秋】
長9.3公分　高6.3公分　厚0.3公分

◎青白色，有較重的沁色。璜形大於半環，極罕見。表面滿佈凸起的勾雲紋，為典型的春秋時期玉器紋樣。兩端為退化了的龍首紋，難以辨認，璜中部亦有一退化龍首紋。

35
玉蟠龍佩
【春秋晚期——戰國早期】
徑6.3公分　厚0.4公分

◎白玉。龍身近似於3／4圓環，滿飾折線蟠虺紋。中部有孔，以穿繫繩，兩端亦可懸掛佩件，是成組玉佩中的一件。

◎這類形狀的玉佩，在考古發掘中尚未發現。

36
玉夔龍佩
【戰國】
長10公分　寬5.8公分　厚0.4公分

◎青白色。夔龍形。頭部似有磨損，龍一足，踏角，龍身滿飾穀紋。

◎此種短身龍為戰國玉器中僅見。

37

玉雙龍佩

【戰國】

長12公分　高5.6公分　厚0.5公分

◎青白色，局部有赭色沁。佩為雙S形，兩端各一龍首，中部鏤雕相對雙虎，極為精緻。佩上飾穀紋，龍身邊緣呈凸起的坡狀，是典型的戰國玉器風格。

38
玉鏤雕龍鳳紋佩
【戰國】
長7.8公分　高4.5公分　厚0.5公分

◎白玉，有赭色沁。鏤雕相背雙夔龍。龍之上唇長而上捲，下唇寬短，在戰國玉器紋飾中非常罕見；鳳首於龍頭前，身簡化呈勾形。

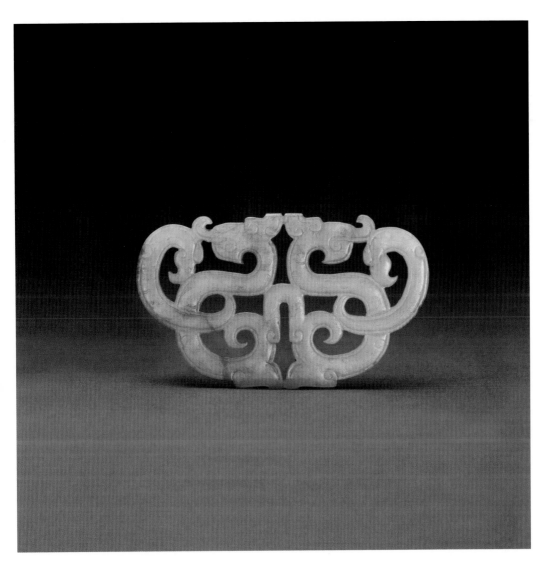

39
玉龍形佩
【戰國】
長12公分　寬1.3公分　厚0.6公分

◎深青色。一端雕龍首，龍身呈S形，飾細密的繩紋。

◎繩紋為戰國時期玉器的重要紋飾，多見於玉環、玉龍及獸尾。常見有兩種，一種紋飾細密，凸起較高；一種紋飾寬而淺，玉龍所飾多為細密的繩紋。

40
玉龍形佩
【戰國】
長10.3公分　高5公分　厚0.5公分

◎龍身呈 S 形，飾穀紋，龍首前及尾後各有一鳥，造型優美，上部有雙孔，可穿繩繫帶。

41
玉龍鳳紋佩
【戰國】
長7.1公分

◎潔白，微有赭色沁。圓柱狀。一端琢龍頭形，龍頭旁側一鳥頭，背部又鏤雕一鳥，器身飾陰線勾雲紋，造型獨特。
◎鳥紋與雲紋為典型戰國玉器紋飾風格。

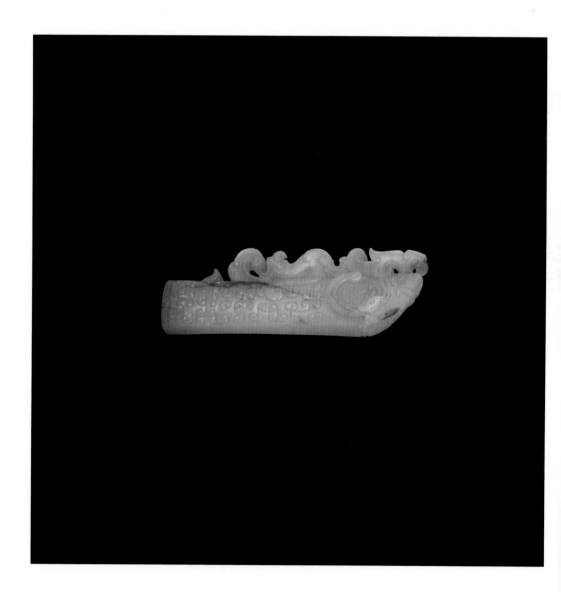

42
玉鏤雕螭虎佩

【戰國】
高6.4公分　厚0.7公分

◎質白而細潤，邊緣有褐色斑。片狀。鏤雕一螭虎，長角，繩尾，屈身，身外有邊框，作品兩面對應，但圖案不同，一面為虎頭，無角，有腮毛。

◎這種虎面圖案在戰國玉佩中很少出現。

43

玉龍紋沖牙

【戰國】
高12.1公分　寬2.2公分　厚0.5公分

◎白玉，局部微有綠色銅沁。弧形，一端尖細，另一端似獸首。器表面飾動物紋，紋飾微凸起，線條密且淺。

◎這種琢玉工藝多見於戰國早期玉器，器物所用之玉，玉質一般較好。沖牙是成組玉佩下部的玉件，成雙使用，佩帶者行走時，沖牙可撞擊發聲。

44
玉鏤雕雙龍首璜
【戰國】
長17公分　寬7.3公分　厚0.5公分

◎青白色，微有赭色沁。形似半璧，內緣之下飾鏤雕勾連紋。

◎類似的雙龍首璜在戰國玉器中很多，雕琢得非常精緻。這類玉璜多為成組玉佩中的重要組成部分。

45
玉龍首璜
【戰國】
長13公分　高5公分　厚0.5公分

◎灰白色，有褐色斑。片狀，近似於半圓形，兩端為龍首。璜表面飾凸起的榖紋。中部及兩端有小孔，可以穿繫繩。這件玉璜是成組玉佩中的一件。

◎安徽省長豐縣楊公鄉戰國墓出土。

46
玉龍首璜
【戰國】
長11.7公分　高4.9公分　厚0.3公分

◎灰白色，有褐色斑。表面有風化。片狀，弧形，兩端為龍骨形，龍角下端有凹槽。璜表面飾穀紋，穀紋較平。龍首複雜而有孔。為成組玉佩中的一件。

◎安徽省長豐縣楊公鄉戰國墓出土。

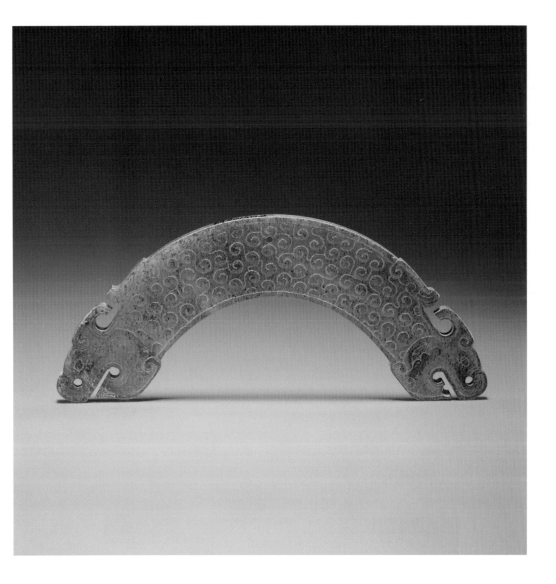

47

玉鳥紋璜

【戰國】

長13.7公分　高6.2公分　厚0.3公分

◎青灰色，有褐色斑。片狀，弧形。璜兩端有凹下的齒狀裝飾，上部鏤雕雙鳥。璜表面有凸起的點狀紋，並用陰線刻劃鳥尾紋。上部鳥首間有繫孔，可穿繩繫掛，為佩飾用玉。

◎安徽省長豐縣楊公鄉戰國墓出土。

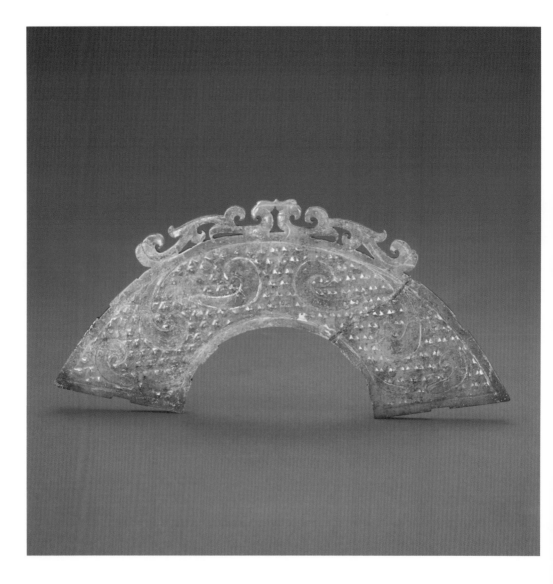

48
玉鏤雕龍鳳璧
【戰國】
直徑12.8公分

◎白玉，微有沁色。璧表面所飾雲紋，是於隱約的凸起上用陰線琢出。孔中所飾之龍，獸身，虎尾，唇似斧鉞，形狀威武。兩側鏤雕雙鳳，長冠，長尾，小頭，並有一獸足，造型誇張且古樸。

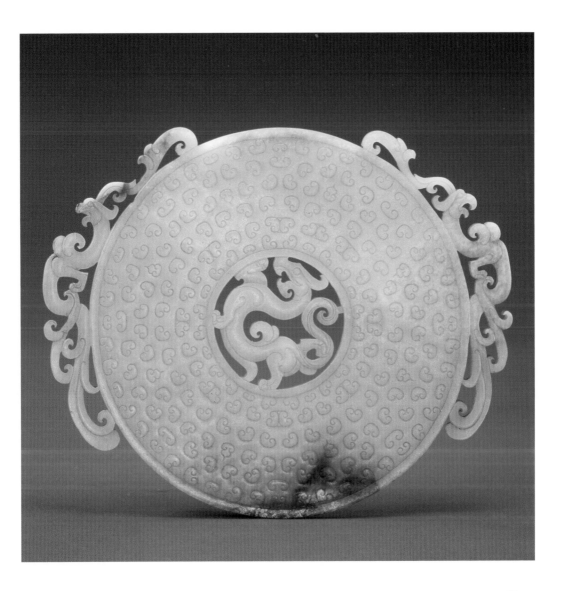

49
玉穀紋璧

【戰國】

直徑13.4公分　孔徑4.6公分

◎青色，表面有霧狀白色。圓形，片狀。璧兩面飾穀紋。

◎這件作品的孔徑約為直徑的1／3，為古代玉璧的一種特定樣式。

◎安徽省長豐縣楊公鄉戰國墓出土。

50
玉獸面穀紋璧
【戰國】
直徑16.5公分　孔徑4.8公分　厚0.3公分

◎青玉，有褐色斑。圓形，片狀。兩面飾相同紋飾，圖案分為內外兩區，內區為穀紋，外區為陰線獸面紋三組，每組獸面紋中部為一個獸面，向內，獸面的兩側為勾狀帶紋，似表現龍身。

◎此類玉璧流行於戰國至漢代，獸面向內的非常罕見。

◎安徽省長豐縣楊公鄉戰國墓出土。

51
玉穀紋劍璏
【戰國】
長6.5公分　寬2.3公分　高1.4公分

◎青綠色，有白色斑。長方形，上部呈板狀，兩端下折。表面飾凸起的穀紋，穀粒間有陰線折線。下部為長方形倉，留有加工時的鑽孔痕跡。

◎劍璏為劍鞘中部的裝飾，此器短而寬，特點明顯。

◎安徽省長豐縣楊公鄉戰國墓出土。

52
玉獸面紋劍格

【戰國】

長5.5公分　寬1.9公分　厚2公分

◎白玉，有褐色沁。長方形，截面為菱形，中部厚，兩端薄。兩面飾獸面紋，紋飾以眼目為中心，兩側為小勾連紋。
◎劍格用於劍刀與柄之間，此種劍格為戰國至漢代的流行樣式。

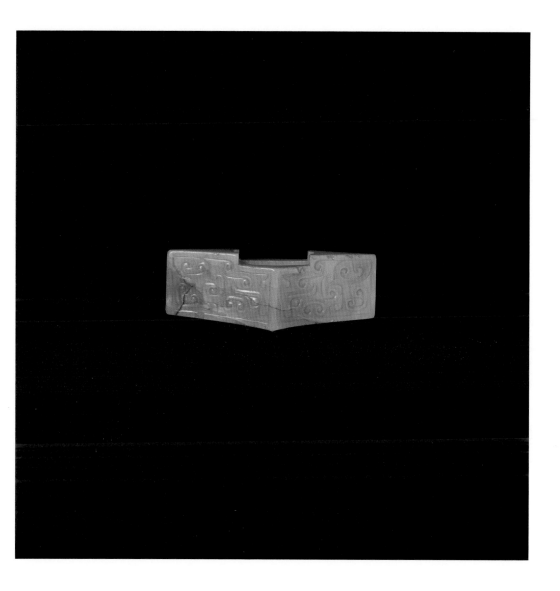

53

玉螭紋觿

【戰國——漢初】

高8.7公分　寬3.9公分　厚0.3公分

◎潔白，微有沁色。角形玉片。一端以極細的陰線組成大、小二螭，螭身之外局部鏤空。另一端飾長弧線紋。

◎此觿所飾紋飾纖細，螭身又有「○」形紋，為戰國晚期到漢初的作品。

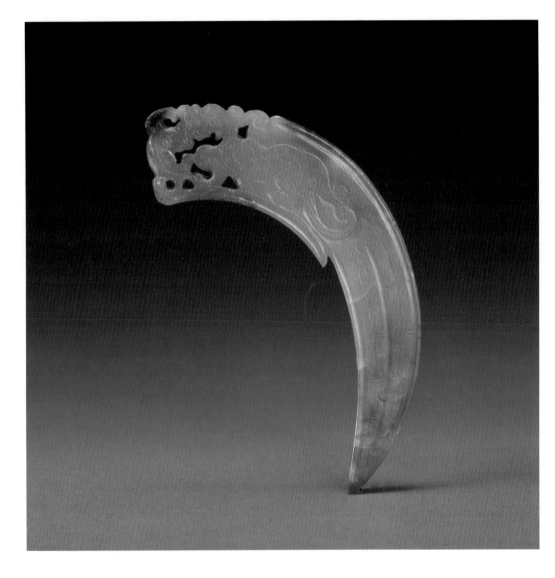

54
玉辟邪
【漢】
長13.2公分　高8.6公分

◎青玉，有大面積褐色沁。圓雕。

◎漢代玉辟邪，目前發現很少，陝西地區出土三件，台北故宮博物院藏有一件，北京故宮博物院藏有數件。皆有翼，有角，尾分叉，特點較一致。此辟邪體積較大，造型生動，是漢代玉器精品。

55
玉天馬
【漢】
長7.9公分　高5.3公分

◎玉經火燒，呈青黑色。臥式，一前足踏地，身側有前後兩組翼羽，張口。

◎目前發現的漢代玉馬多為此種造型，此玉馬為漢代玉馬的典型樣式。

56
玉鳩形杖首
【漢】
長5.3公分　寬3.1公分　高2公分

◎青玉。圓雕。臥伏，長尾，並翅，曲頸，圓眼，短喙稍損，頭上有分叉長羽翎。身體正面施以不同形狀的羽紋。

◎古時有鳩杖，杖首飾鳩形玉。傳說鳩為不噎之鳥，飾鳩首於杖頭，可望老者食時防噎。

57
玉豬
【漢】
長11.2公分　寬2.3公分　高2.9公分

◎青玉。柱狀，頭部略細。其身以大坡刀陰線進行切割，界出四肢輪廓，刀法極其簡練。這種技法，被稱為「漢八刀」。

◎漢代玉器中有很多這種樣式的玉豬，多成雙隨葬於死人手中，稱為玉「握」。

58
玉夔紋形佩韘
【漢】
長12.4公分　寬3.6公分　厚0.5公分

◎青玉，微有沁色。片狀。佩的主體為玉，其上有纖細的陰線圖案。

◎韘為古代佩飾，可扣於手指，用以拉弦。戰國時出現了片形玉，僅用於佩帶。漢代的韘形玉佩結構複雜，雕琢更加精緻。此器局部為韘形，有大面積鏤雕裝飾，是漢代玉佩精品。

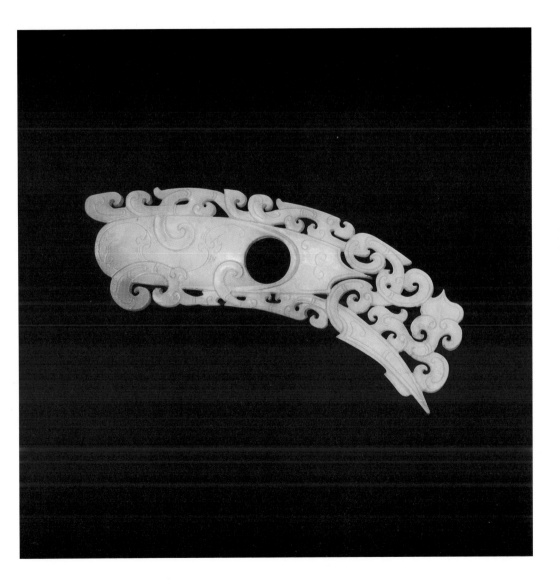

59

玉四靈紋瑗

【漢】
直徑10公分　孔徑5.3公分

◎青玉，赭色沁。環形，其上雕龍、虎、雀、龜四種動物，為四靈圖像。

◎《爾雅‧釋器》：「好倍肉，謂之瑗」，就是說瑗的孔徑為邊寬的兩倍。此器尺寸符合《爾雅》對瑗的釋義。

60
玉獸面穀紋龍紋璧
【漢】
直徑27.9公分　孔徑5公分　厚0.7公分

◎青碧色，表面有褐色沁。圓片形。兩面紋飾相同，孔和器邊有陰弦紋一周，外區飾單首雙身龍四組，內區以繩紋相隔滿飾臥蠶紋。

◎此璧是北京故宮博物院1956年收購的玉器精品。

61
玉雲紋高足杯
【漢】
高9.7公分　口徑4.6公分　足徑3.4公分

◎白玉，赭色沁。

◎此種形狀的玉杯，秦漢墓葬中多有出土，有的作品的外表飾有勾雲紋，有的杯側無柄。未發現與此杯紋飾相同的作品，因而此器非常珍貴。

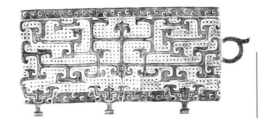

◎白玉，有褐斑紋。直筒形，有蓋。獸面環式　，三獸吞式短足。

◎尊為古時酒具，流行於戰國時期及漢代，常見有銅製、漆製，玉尊非常少見。

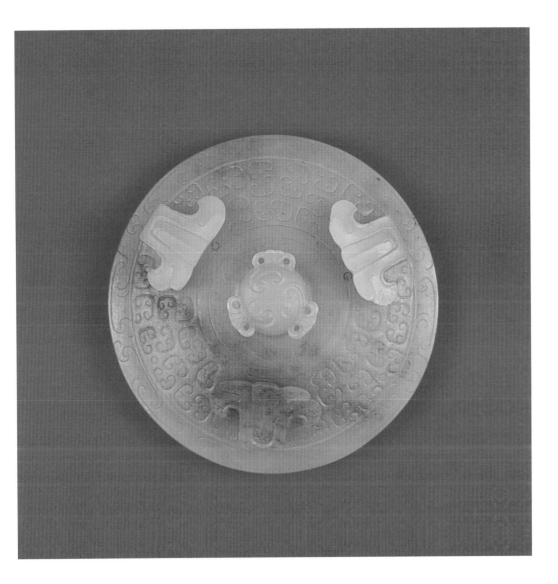

63
玉朱雀紋佩
【魏晉】
長9.1公分　高3.5公分　厚0.5公分

◎玉表面有較大面積的赭色沁。一面飾朱雀紋並十字形雲紋，另
一面飾火焰紋，紋皆陰線，線條淺而細，若斷若續。
◎此種上緣帶有凸齒的玉佩，流行於六朝時期並延續到唐代。

64
玉虎紋璜
【魏晉】
寬5公分　厚0.5公分

◎玉質潔白。璜一面飾虎紋，紋飾古樸，有漢代玉器風格。另一面為十字形雲紋，雲紋間以細弧線勾連。此種雲紋的玉器一般為六朝時期的作品。
◎此種白玉作品多見於漢代以後。

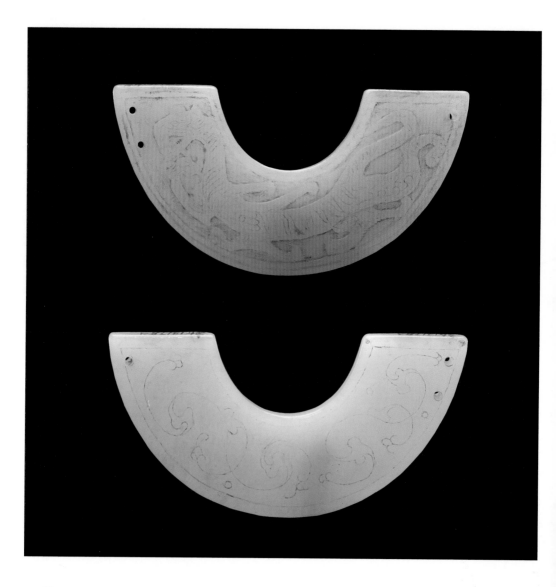

唐至明

相對於傳世玉器而言，唐代至明代玉器在考古發掘中發現還不太多，玉器使用的一些情況還要進一步研究。

已發現的唐代玉器主要有玉佩、玉帶、玉梳及梳背、玉杯、玉獸、玉人物、玉花鳥飾件，無大件作品。

宋、遼、金、元玉器的考古發現主要有器物、佩玉，傳世玉器中有較多的作品，一般所用玉料較好，青玉、白玉成為玉器用料的主流，南方玉器多水沁，北方玉器多人工燒古，元代所製瀆山大玉海是這一時期大件玉器的代表作品，表示出這一時期已具備了製造特大玉器的能力。

考古發現的明代玉器數量很大，明代宮廷遺存玉器又有數千件，其中陳設品、器皿為數巨大，是研究明代玉器的重要資料。

65
玉狻猊
【唐】
長5.8公分　高2公分

◎潔白無瑕。小頭，頭略尖，腦後有捲髮。

◎西安地區曾出土過唐代三彩狻猊，造型與此器略同。目前，唐代的玉獸發現極少，此器為代表作品。

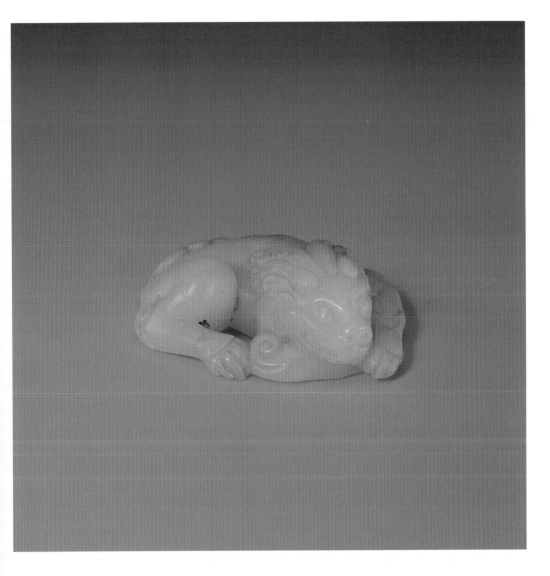

66
玉臥鹿
【唐】
長4.4公分　寬1.8公分　高2.8公分

◎青玉。鹿為臥形，頸粗短，體肥，頭頂有蘑菇狀角，為唐代玉鹿風格。

◎此種風格的鹿形作品在唐以後多出現於遼、金時期的玉器中，被稱為秋山玉。

67
白玉獸
【唐】
高5.4公分

◎白玉，有褐色斑。大頭小身，昂首，張口，嘴角大至腮，胸部有橫節紋，尾粗大而上沖。

◎一些研究者認為唐代雕刻的某些動物具有大嘴角、橫節紋胸、粗長尾的特點。

68
玉臥馬
【唐】清宮舊藏
長6.8公分　寬3公分　高4公分

◎玉馬經火燒，大面積焦黑色，局部為灰白色。臥姿，身短而粗，凸胸，翹尾，短頸，充分表現出馬的雄壯。

◎玉馬表面的顏色應為清宮失火後燒烤所致。

69
玉戲獅人
【唐】
高5.7公分　寬2.2公分

◎玉青白色，微有沁。人呈舞蹈狀，腳下一小獅，形態生動。
◎北京故宮博物院藏有五代南唐畫彩優伶俑及畫彩女舞俑，皆衣袖細長，似翩翩起舞，衣著、神態與此玉人略似。此作品表現了唐、五代時期玉雕人物造型的又一風格。

70
玉鳥銜花佩
【唐】
長7.8公分　高4.5公分

◎白玉。器為較厚的玉片，鏤雕鳥銜花圖案。鳥翅飾細長的陰線；所銜蓮花為唐代玉器紋飾特點。

◎此種造型在宋、遼、元玉器中也有發現。

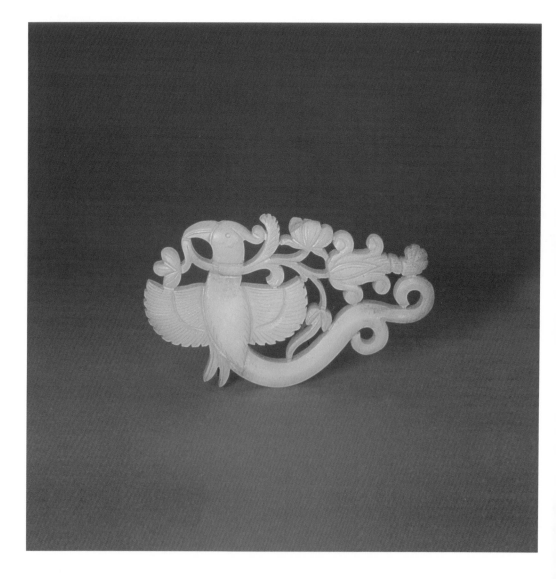

71
玉鏤雕蟠龍佩
【唐】
長7.3公分　寬5.5公分　厚0.55公分

◎白玉。厚片狀，海棠花式輪廓。全器雕琢成穿花龍形式，龍身翻捲有致，刀法遒勁有力。龍紋嘴角的大小、陰刻線的施為，都具有唐代特點，且恰到好處。是唐代佩飾中的精品。

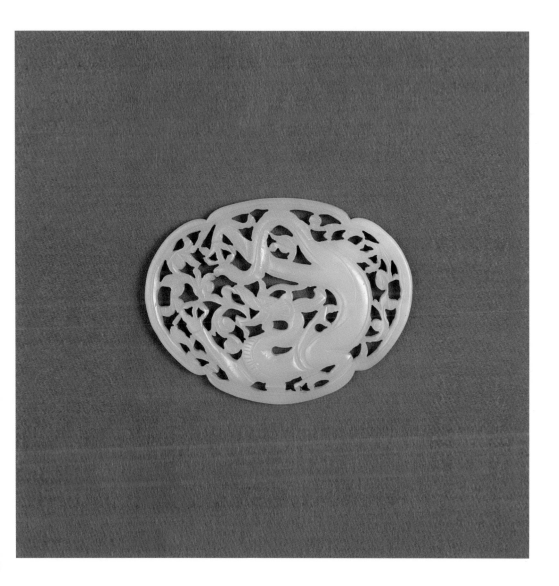

72
玉飛天佩
【唐】
長7.1公分　寬3.9公分　厚0.7公分

◎潔白無瑕。片形。此飛天的頭形、身下雲朵皆為唐代典型風格。

◎此類作品在唐代很流行，對宋、遼、金玉器也有影響。

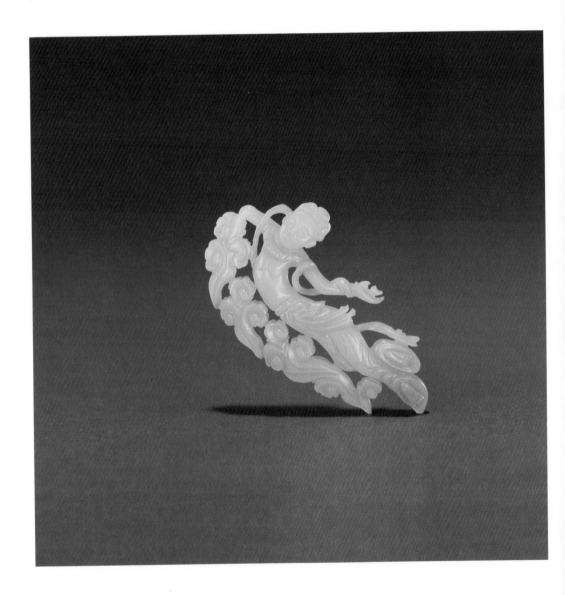

73
玉鏤雕花鳥紋簪
【唐】
長11公分　寬4.8公分

◎玉片極薄，微透明，一端為銅釵，已斷。鳥及花上琢有細密的陰刻弧線，為唐代玉器紋飾的典型風格。

◎已發現的唐代玉頭飾數量非常少，且多為小件，因而此件作品非常珍貴。

74
玉繩花紋鏤雕梳
【唐】
長8.15公分　寬3.45公分　厚0.1公分

◎青白色。片狀。梳背鏤雕花卉，花卉似以極細的繩帶結出，其上有隨形的細陰線。

◎類似風格的鏤雕方式，在唐代其他玉器上也曾出現。唐代婦女有頭上插梳的習慣，此玉梳為裝飾品。

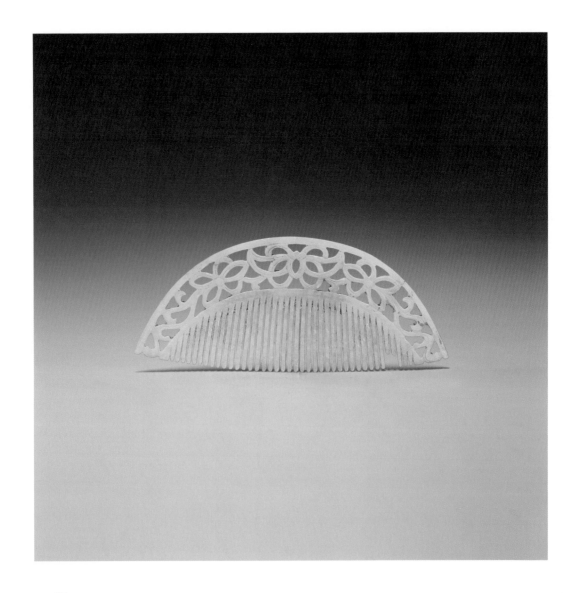

75
玉雕花梳背
【唐】
長12公分　寬3.8公分　厚0.2公分

◎青白色。片狀。表面淺浮雕花卉圖案，花、葉凸起極淺，構圖簡練。花瓣及葉皆有平面化傾向，葉上有細密的陰刻線，雕琢特點明顯。

◎目前發現的唐代玉器中，有較多的玉梳背，樣式及雕琢風格較統一，皆飾花卉或花鳥圖案。

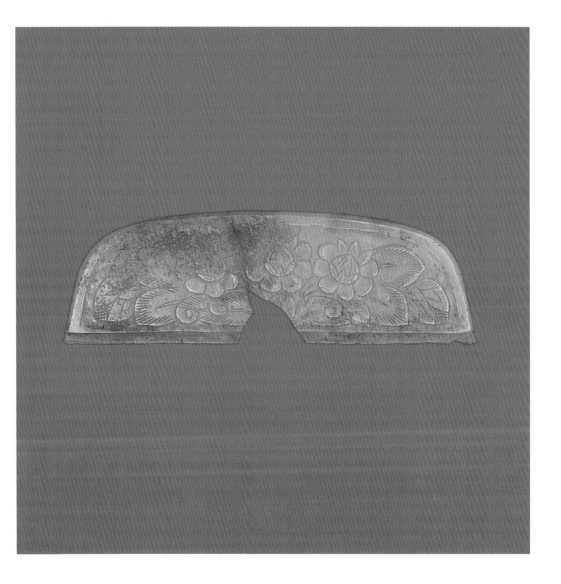

76

玉人物紋帶板

【唐】

長4.1公分　高4.1公分

◎有赭色沁。為伎樂人坐地吹奏。

◎唐代玉帶板一般較厚，中部浮雕圖案，邊框凸起，與圖案同高，框內側呈坡狀。圖案分為動物與人物兩種，以人物圖案最為常見。此件為人物圖案代表作品。

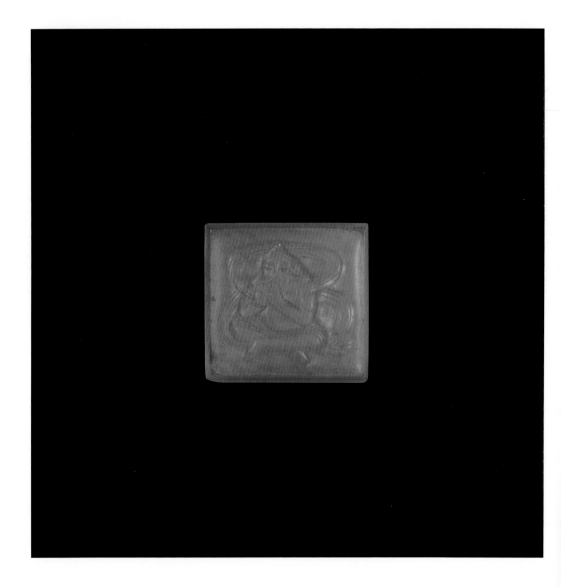

77

玉人物紋帶板

【唐】
長5.6公分　高4.9公分

◎琢進寶人物。其人細袖，高靴，為西域人物裝束。唐代玉帶板中的人物常見此種裝束，且身下有方毯，身旁或身上有披帛。

78
玉人物紋杯
【唐】
長14.9公分　寬8.5公分　高4.8公分

◎青白色。橢圓形，敞口，小圓餅式足。杯外琢六個陰線人物，環足琢陰線雲紋一周，皆為典型唐代紋飾風格。

◎此杯闊口而淺膛，似羽觴而無耳，為羽觴演化而來。

79
玉臥鹿
【宋】
長4.8公分　高3.9公分　厚1.3公分

◎經火燒，局部變色。軀體較肥壯，頭頂有蘑菇狀角。

◎鹿在唐代玉器中已流行，宋代玉器中鹿紋較多，鹿形較瘦，頭長，嘴細而上翹，一些鹿的頸與身間的連接較生硬。此件作品為回首鹿，是宋代玉鹿的一種類型。

80

玉子母獅

【宋】

高6公分　寬4公分

◎青白色，有赭色沁。小頭，雙弧線腮，如意鼻，為典型的宋代玉獅。

◎宋代玉器中動物造型作品開始增多，常見的有獅、鹿、犬、馬、辟邪等，造型自然，較少誇張。

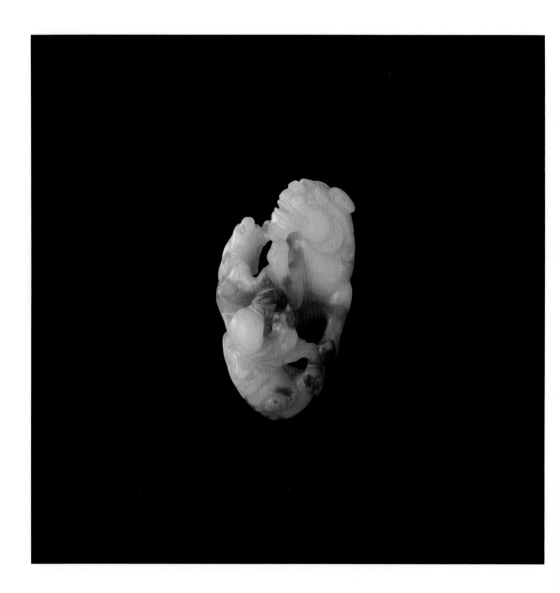

81
玉異獸
【宋】
長5.6公分　寬2.7公分　高5.2公分

◎有較重的褐色沁。昂首，凸胸仿漢晉異獸風格。獸的小腿前端略粗，大腿上部的弧形線及螺旋線，為明顯的宋代玉器風格。

◎宋代玉異獸目前發現很少，此為典型作品。

82
玉臥獸
【宋】
長4.2公分　寬1.5公分　高2.5公分

◎青玉，有較重的沁色。臥形，回首，口銜靈芝。頭生獨角，與自然界動物不同，為想像中的瑞獸；獸四肢上部飾火焰狀紋飾，為宋、元時期龍、螭、異獸的裝飾特徵。

◎此玉獸造型生動，雕琢精緻，為宋代玉雕精品。

83
玉魚
【宋】
長7.3公分　高4.3公分　厚2公分

◎白玉，有沁色。魚身頗肥，似鱖魚。魚身直硬而尾部靈活，尾、鰭上飾有細密的陰刻弧線，有明顯的時代風格。
◎此類玉魚在宋、元時期較流行。

84
玉鴨
【宋】

長3.1公分　寬1.7公分　高3.5公分

◎白玉。圓雕。鴨翅及尾上有細長的陰刻線，翅之一側呈齒狀。

◎此陰刻線與唐代短而密的風格不同，為宋、金時玉器特徵。

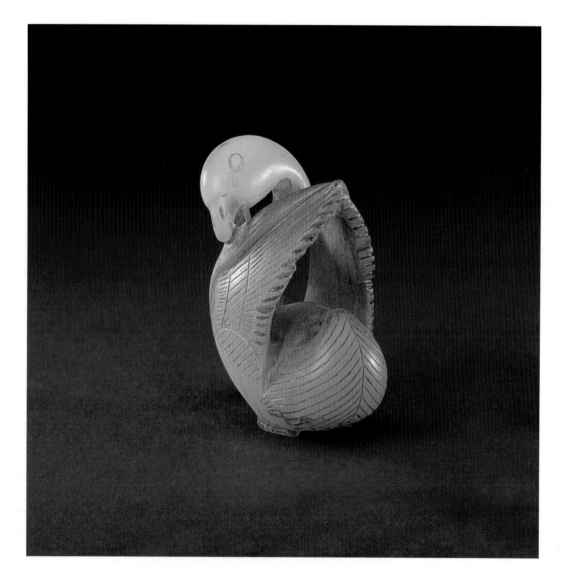

85
玉習武童子
【宋】
高5.7公分　寬3公分

◎白玉。童子短臉，後腦較大，為宋代玉雕童子特徵。衣褲肥大，手、腳細小，僅於臂彎處施幾道短弧線表示衣紋，這種雕琢手法在宋元時期的玉雕童子上很常見。

86
玉持蓮花童子
【宋】
高7.2公分　寬2.8公分　厚1.1公分

◎童子手腕似有鐲，身穿馬甲，其上有「囷」格紋，褲肥而無褶，皆宋代玉雕特點。

◎宋代玉器中有較多的持荷蓮童子，是當時社會生活的表現。這類題材的作品，一直到明、清時期還有製造。

87

玉魚龍佩

【宋】

長7公分　高3公分

◎青白色，赭色沁。近似於圓雕。龍首，魚尾，鳥翅，翅短寬，端部前伸，有唐代玉器遺風。翅、尾之上有細長陰刻弧線，邊緣呈齒狀，為宋代玉器風格。

◎目前所知的宋代魚龍玉佩，僅此一件。

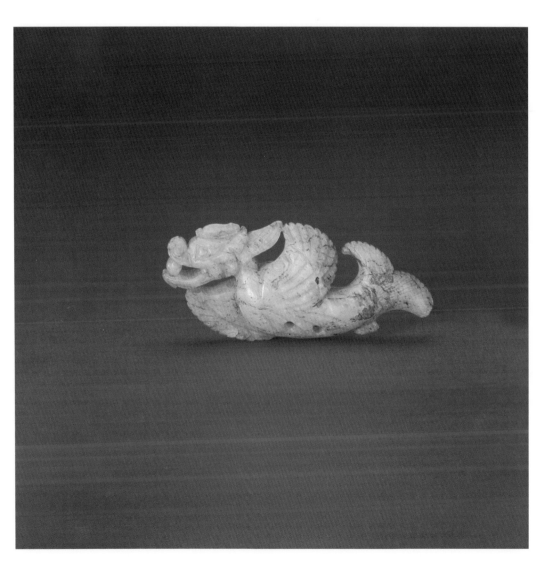

88

玉雙鶴佩

【宋】

長7.5公分　高5.7公分

◎玉潔白無瑕。雕雙鶴對舞。鶴眼部為陰線槽，翅及尾的邊緣呈齒形，足細長，足下有捲草式雲朵，是典型的宋代玉雕風格。

◎這類作品，目前已知有三件，兩件藏於北京故宮博物院，此為其一。

玉牽牛花形佩

【宋】

高7.3公分　寬4公分　厚1.8公分

◎有較重的赭色沁。造型圓潤、簡練，表面較平，有明顯的宋代玉雕特點。

90
玉鏤雕松下仕女飾
【宋】
長9.6公分　高7.8公分

◎白玉。鏤雕，局部為圓雕。

◎為多人物、多景物、多層次的組合性圖案，講究佈局，注重表現人物、景物之間的相互關係，明顯地受人物畫畫風影響。是宋代玉雕的代表作品。

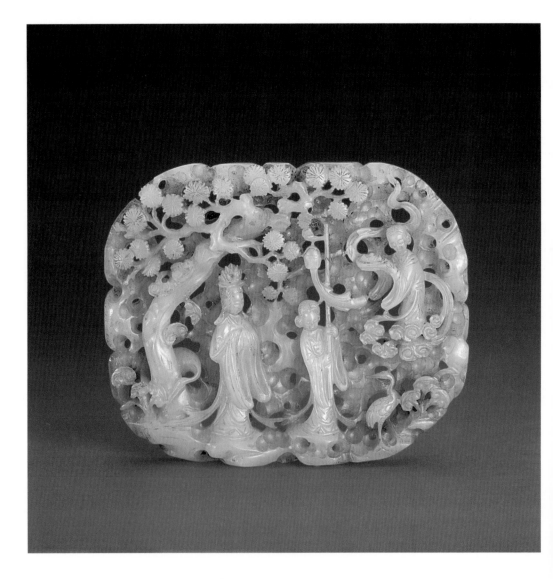

91
玉龍紋帶飾
【宋】
高9.1公分　寬5.2公分

◎兩側間有一通孔，扁而寬，可穿過革帶。下部扁環可掛器物。

◎此種帶飾或稱「束帶」，有方形、圓形等多種樣式，紋飾也不限於雲龍紋。一般成雙出現。此作品中的連珠紋邊框、雲紋、龍紋為宋代玉器典型紋樣。

92
玉鏤雕雲龍帶飾（一對）
【宋】
高7.9公分　寬6.7公分　厚1.8公分

◎潔白無瑕斑。圓形，邊緣一周連珠紋，表面鏤雕雲龍。兩側間有扁長通孔，可穿絛帶。

◎此一對玉飾，是腰帶上的裝飾。雕琢精緻，是宋代玉器的代表作品。

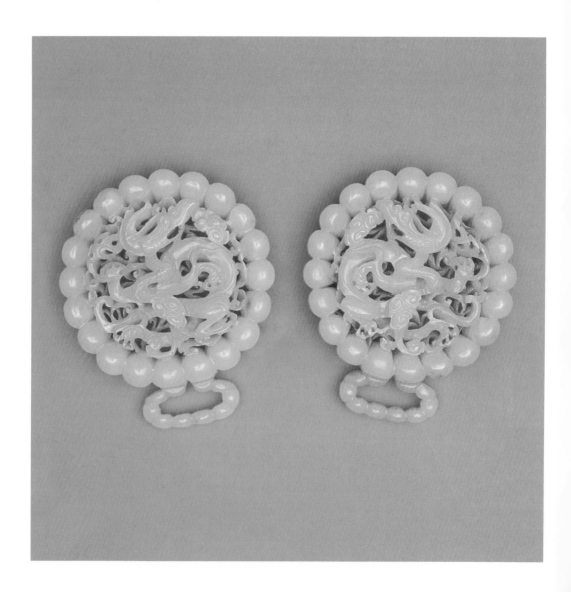

93
玉瓜葉墜

【宋】

長6.4公分　高5公分　厚2公分

◎有較重的赭色沁。中部為葉，上方一瓜，下方兩瓜，其間以粗陰線為界。

◎宋代玉器中大量出現了瓜果造型，或為器皿，或為用具，或為佩墜，擴大了玉器的題材和造型手法，表現出濃郁的生活氣息。

94
白玉鏤雕鴛鴦臥蓮爐頂
【宋】清宮舊藏
高5.5公分　底3×4.5公分

◎用白玉子料製成，局部帶有玉皮顏色。下部為一大荷葉反扣，上面有鏤雕的荷花、水草，一鴛鴦臥於其中。

◎目前，宋代遺址的考古發掘中尚未發現此類作品，僅其他質地物品中有此形狀鴛鴦。清代宮廷多用這類作品作為木蓋之鈕，稱為爐頂。

95
白玉人物紋爐頂

【宋】清宮舊藏
高4.1公分　寬3.9公分　厚1.2公分

◎玉白而細潤，透光性較差。錐形。表面雕圖案，中心為一人物，U形衣紋，身旁有山石、樹木，石上有一孔雀。
◎作品多以鑽孔方式進行雕鏤，中心部位不空，留有實體，有較為明顯的時代特點。

96
白玉鏤雕孔雀牡丹嵌件
【宋或元】清宮舊藏
高7.2公分　寬4.5公分

◎白玉。長方形，較厚，頂部微上凸。鏤雕一孔雀立於石上，石於牡丹叢中，花盛葉茂，孔雀旁有鶴、鷺鷥、雉雞、小鷹等。

◎作品用玉精良，鏤雕精緻，圖案準確。花朵、葉脈、鳥羽有明顯的宋、元玉器風格，圖案以五隻不同的鳥表現五倫或五常，這類圖案被稱為「五倫圖」。

97
青玉鏤雕鹿猿嵌件

【遼或金】清宮舊藏
長9.7公分　高6.6公分

◎青白色，有墨色斑。橢圓形，下部鏤雕邊框，邊框為四段弧形對接，俗稱「海棠式」。中部雕一臥鹿，回首，身旁有柞樹，大葉外翻，枝葉側展，樹上有一小猴，鹿身前方站立一鳥。

◎作品表現北方森林景色，圖案緊密，動物在位有序，鏤雕中有較多的大平面圖案，為宋、元時期的一種構圖風格。

98
玉銜穀穗天鵝
【金】

長8.7公分　寬5.3公分

◎玉潔白無沁色。近似於圓雕。所雕天鵝頭形、羽翼、翅形及齒狀邊緣，皆與春水玉所琢天鵝相同，應屬同一類作品。

◎金、元玉器中存在著大量以天鵝為題材的作品，其中以鶻捕鵝為特徵的春水玉最著名。

99
玉纏枝牡丹佩
【金】
長8.7公分　高6.4公分　厚0.8公分

◎鏤雕成鎖形。雙折枝纏繞並蒂式，枝葉翻捲，花朵寫實逼真。

◎宋、金之時大量出現花形玉佩，多用好白玉製成，雕琢得異常精緻。此玉佩所用牡丹圖案，為金、元時最為流行的玉器紋飾，雕琢風格及邊沿的齒形結構，亦為金、元玉器特點。

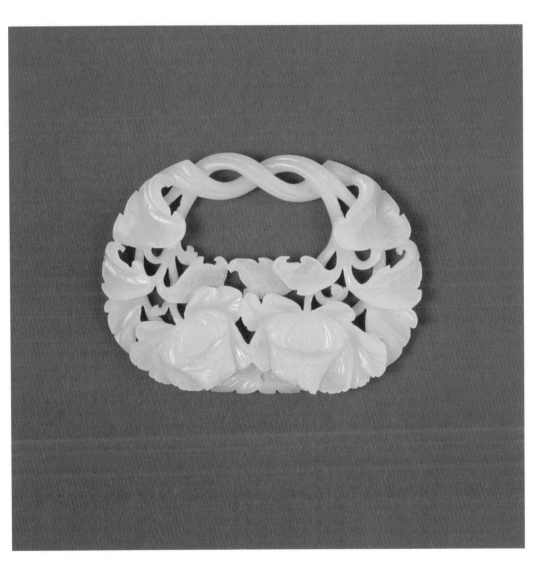

100
青玉鏤雕海東青捕鵝絛環

【金】 清宮舊藏
長7.5公分　高6.2公分

◎青白色。下部為一圓形環，環內中部凸雕一海東青捕捉天鵝，鷹右爪有繫繩，為人類飼養，天鵝頭下方及尾下方有孔，可穿過絛帶。

◎有學者認為，這類荷塘、大雁或天鵝圖案為《金史》所記女真人春水圖案，此類圖案表現了金、元時期北方民族的弋獵生活。

101
玉海東青啄雁帶飾
【金】
直徑7公分

◎近似於圓形，鏤雕。雕雁（或天鵝）為海東青所追捕，追降於水草中。作品下層為一圓環，可穿於條帶之上。

◎金、元兩代玉器中，以海東青捕鵝為題材的作品很多，是我國北方民族貴族如春水活動的寫照。受其影響，明、清兩代玉器中也有許多類似的作品。

102
玉鏤雕仙人鈕
【金】
高9.5公分　寬7.5公分　厚3.5公分

◎有大面積皮色。一面鏤雕雙鹿，一面雕樹下雙人。山石、樹、鹿、人物的雕法有明顯的時代特點。山石以管鑽鏤空，鑽孔打磨圓潤。柞樹葉大而葉脈細，以玉皮顏色或烤色表示葉色。鹿肥而頭頂有蘑菇狀角，皆為金元玉器的典型做法。

103

白玉鏤雕錐柄

【金】清宮舊藏
高10.2公分　寬2.8公分　厚1.7公分

◎白玉，微有色斑。柱狀，下端較細。器柄的上部鏤雕連珠紋並海東青捕鵝圖案，下部有鑲嵌所留的榫口。

◎作品圖案表現的是我國北方民族放鶻捕鵝的生活，有學者認為作品為刺天鵝頭所用捕鵝錐的錐柄。

104
玉鏤雕鳳穿花璧
【元】
直徑9.8公分　孔徑2.9公分　厚0.5公分

◎圓形，小孔。璧上鏤雕纏枝牡丹，一鳳於牡丹叢中飛行。

◎鏤雕璧、環在戰國及漢代就已流行，宋元玉器中偶有出現，多用作佩飾。這件作品的紋飾細碎，有明顯的宋元時期藝術特點。此類作品，目前僅發現此件。

105
玉雙虎紋帶飾
【元】
直徑5.4公分　厚1.2公分

◎玉潔白，有黃色烤色。環形，兩側可穿條帶，環上飾柞樹及子母二虎。

◎以柞樹、虎鹿為主要內容的圖案，是宋、元時期我國北方民族秋山活動的反映，帶有這類圖案的玉器被稱為「秋山」玉。目前考古發掘中已發現帶有虎紋的元代玉器，紋飾特徵與此器略同。

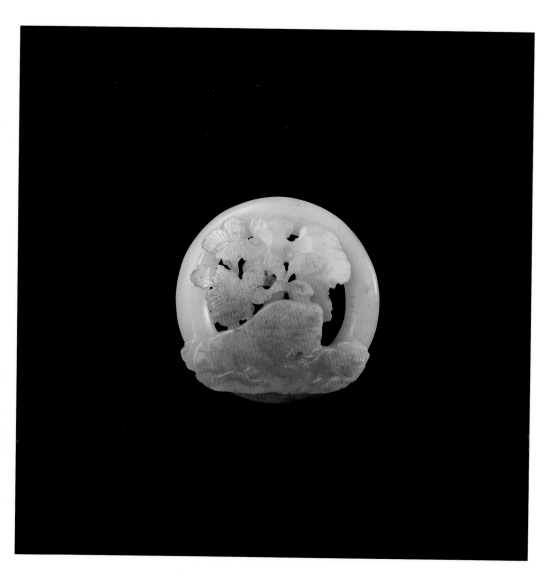

106
白玉虎紋帶飾
【元】清宮舊藏
長5.1公分　高3.3公分　厚1.4公分

◎青白色，有黑斑，表面有人工染色。片狀，較厚，四邊凸起邊框，框內飾凸起的虎紋，虎為臥姿，身有虎皮紋，長尾，身後有一株柞樹。中部有橫孔，可穿革帶。此器是革帶上的裝飾。

◎安徽安慶元人范文虎墓出土有虎鈕玉印押，虎皮亦為黃色，虎皮紋、虎尾分節紋同此圖案相似，可證此作品為元代製造，圖案背景表現我國北方民族的山林生活。

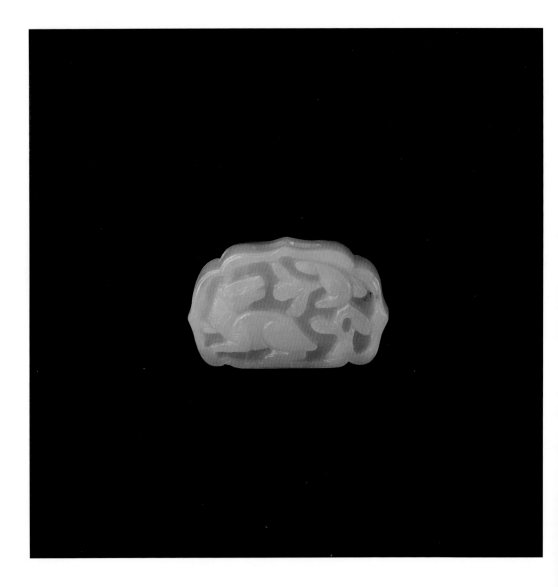

107
玉望天龍形鈕
【元】
高12.6公分　底徑6.4公分

◎暗青色。底部為荷葉形，其上為
蓮台，龍坐於蓮台上，左前足抓一
火珠。

◎李唐以來，工藝品中多有曲身
龍，其身細長，似蛇又似獸，胸部
有橫節紋，肩部飾火焰狀飄帶。此
龍嘴長而尖，大有唐代玉器風格，
製造年代最遲不晚於元代。

108
玉龍鈕
【元】
長5.85公分　寬5.1公分　高4.2公分

◎青白玉琢製而成。長方形，器底凸雕玉押印記。印鈕為拱身龍形，三叉尾翹至背部，與髮相連。刀法遒勁有力。

◎元時蒙古族人多不能執筆畫花押，而用象牙、木、玉石刻押而印之。宰輔及近侍官至一品官者才能以玉為押。

109
白玉雙螭紋帽頂
【元】清宮舊藏
長3.7公分　寬1.7公分　高3.5公分

◎白玉，玉質較好。橢圓形，略扁。鏤雕。內部為一實心，圖案雕鏤於其外，為雙螭，銜靈芝相戲。下部較平，有蟻鼻孔，可穿繫繩。

◎清宮廷多藏有此類作品，用為木蓋之鈕，又稱爐頂。此玉鈕的螭紋、靈芝紋皆元代圖案風格，有學者認為是元代人帽頂所嵌玉鈕，應稱為帽頂。

110
白玉雙童爐頂
【元】清宮舊藏
高6.2公分　寬4.7公分　厚2公分

◎白玉，表面有桂黃色，為子料製成。依就材料之形鏤雕圖案，圖案以山石、樹木為背景，樹下二童子戲耍，一童騎木馬，另一童手持傀儡。

◎此作品樹木、人物表現皆為元代圖案風格，加工中多用鑽頭穿孔，製造方式古樸，為元代玉器的重要作品。

111
玉十角螭耳杯
【元】
高4.6公分　口徑10公分　足徑5.6公分

◎青玉琢製，裡外有褐色沁。口、腹、足呈十角形。體光素無紋。雙耳頂端各雕一蟠螭紋，其身下邊緣各琢五個靈芝形雲朵。

◎此器為元代早期傳世珍品。

112
青玉蟠螭璧
【宋或明早期】清宮舊藏
直徑7.1×6.6公分　孔徑2公分

◎青白色，有褐色斑。略顯橢圓。一面雕凸起的雙螭圖案，雕法圓潤，簡練，另一面為草席式紋。

◎清宮遺有大量螭紋玉璧，但此種風格作品僅此一種，雙螭紋保留有宋至明早期圖案的大弧面，少留地的特點，很具研究價值。

113
玉獸面紋雙龍耳杯
【明早期】
高6.9公分　口徑11.15公分　足徑5.9公分

◎青玉琢製而成。圓雕。壁厚體重，圓撇口，圈足。器裡光潔，口沿裡側陰飾回紋一周。器外壁上部兩側琢卦紋，其下陰刻回紋，兩卦紋中間飾獸面紋，並間飾卍字。腹部兩面各隱起獸面紋。兩側為拱身龍耳。

◎此器之紋飾、刀法皆有元代遺風，粗獷有力，當為明早期物。

114
青玉紫沁臥獸
【明】
長14公分　寬5公分　高6公分

◎青色，表面有較重的紫色沁。頭部刻畫細緻生動，四肢雕琢簡練，僅有其形。較厚重，可作鎮紙使用。

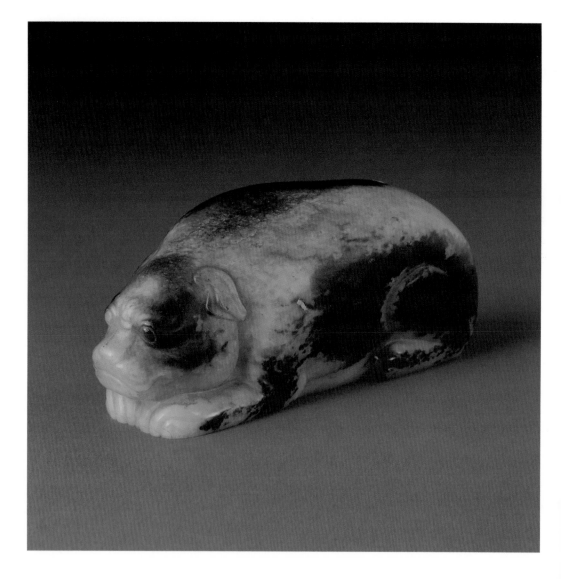

115
玉眠鶴

【明】

長10.2公分　寬3.5公分　高4公分

◎青色，依玉子兒之形，略加雕琢而成。只求有形，不求工精，為明代玉雕的又一風格。

◎宋以後，玉器中出現了大量的玉鶴，以表現祥瑞、長壽。明代玉鶴雕琢簡練，不如宋代玉鶴精緻。

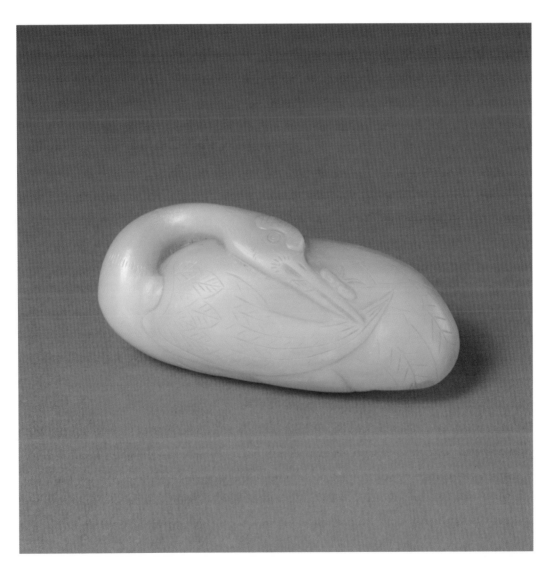

116
玉銜荷鱖魚
【明】
長7.7公分　高4.7公分　厚1.7公分

◎青玉製成。較肥大，身飾「米」字紋，以示水花。

◎銜荷玉魚在宋、元時期已流行，明代繼承宋、元風格而略有不同，造型更加生動，荷花、荷葉更富於變化。此作品為明代玉魚的典型。

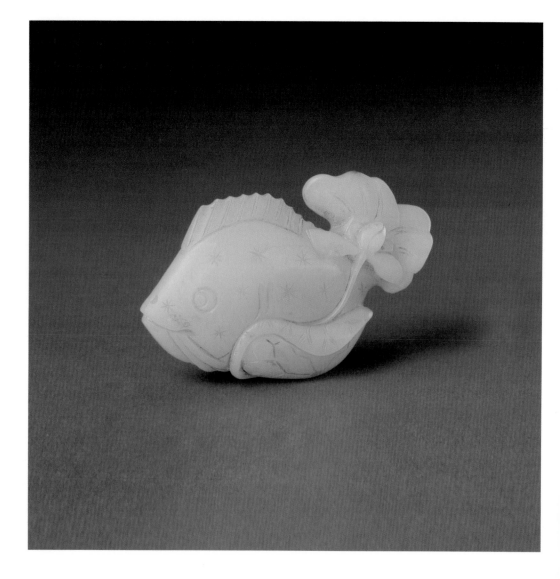

117
玉蟹
【明】
長7.3公分　寬5.2公分　高2公分

◎潔白，表面打磨光亮。腹部琢團形臍。

◎目前見到最早的玉蟹為明代作品，種類較多，一般體扁而形方，部分腹部琢空，並雕凸鈕，可穿掛條帶以為佩飾。

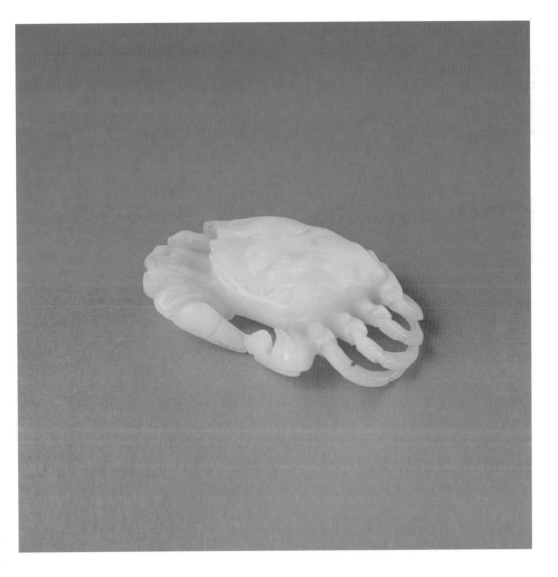

◎十二件為一組，分別為鼠、牛、虎、兔、龍、蛇、馬、羊、猴、雞、狗、豬，身皆人形，披長袍，坐姿，手中各持器物。

◎明、清兩代玉器中，有許多成組的十二生肖玉墜，還有飾十二生肖花紋的玉佩。

119
白玉童
【明】清宮舊藏
長6.4公分　高3.4公分

◎潔白細膩，局部有橘黃色斑。圓雕一童子，手執靈芝，爬伏狀。童子衣紋簡練，手帶鐲。

◎有宋元玉雕童子遺風，髮式、開臉較宋、元作品細緻，應是宋、元童子題材玉器的繼續。

120
青玉母嬰人物
【明】清宮舊藏
長9.3公分　高3.9公分　厚2.9公分

◎玉質青白色。雕一婦人側臥，右手扶貓，左手抱一小嬰，身前有一繡球。

◎此作品可為陳設擺件，也可以作為筆架架筆。

121
玉菩薩
【明】
高11.5公分　底8.1×5.2公分

◎青玉。獸臥於蓮台之上，菩薩坐於獸背。
◎北京故宮博物院收藏有多種玉雕佛像、羅漢、菩薩，屬明代的作品較少。此作品較一般明代佛像不同，形象更為生動、自然。細部雕琢較方硬，有明顯的明代玉雕特點。

122
青玉雙螭抱璧佩

【明】清宮舊藏
長9公分　高5.5公分

◎青白色。中部為一圓形小璧，一面微凸，另一面較平。飾大乳丁紋，璧的兩側各鏤雕一螭。

◎此作品中的大乳丁紋及螭的形狀，有明顯的明代圖案特點，這種較空曠的鏤雕方式也是明代玉器的加工特點。

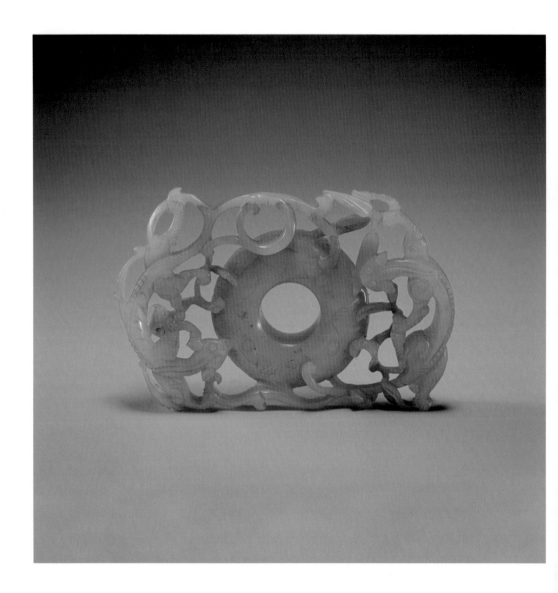

123
白玉鏤雕蟠龍環
【明】　宮舊藏
直徑6.5公分

◎上等白玉製成。鏤雕。龍身蟠為環形，方口，長鬣，髮分為幾股，身飾大鱗紋，背面有可掛繩條的環。

◎這類環形帶飾，在宋、元時已很流行，使用方法不盡相同，有的和帶鉤使用，有的直接穿帶使用。明代的某些玉帶飾，承襲了宋、元傳統，又有改變。這件作品在使用方式上較獨特。

124
玉福祿壽飾
【明】
高6.3公分　寬5.9公分　厚0.8公分

◎玉青白色，有較強的光澤。鏤雕片狀「福」字，「福」字後面雕壽星老人及小鹿。

此器以老人寓「壽」，以鹿寓「祿」，連同鏤雕的「福」字寓福、祿、壽。

125
「一團和氣」圖玉飾
【明】
直徑9公分　厚1.5公分

◎圓形玉片，中部厚，邊緣略薄。

◎《二程全書》有「明道先生……渾是一團和氣」之句。一團和氣圖在明代非常流行，明帝朱見深還親手繪一團和氣圖。此玉器圖案與流傳至今的明代一團和氣圖結構類似。

126
白玉鏤雕龍穿牡丹飾件
【明】
長13公分　高7公分　厚0.8公分

◎白玉。長方形，委角。鏤雕龍穿牡丹圖案，圖案可分為兩層，底層為細花枝，雕鏤精細，上層為牡丹及龍，雕琢圓潤。飾件兩側各附一小龍。

◎元代器物上多有龍穿牡丹圖案，但分層不明顯，至明代，玉器裝飾中出現了明顯的分層圖案。

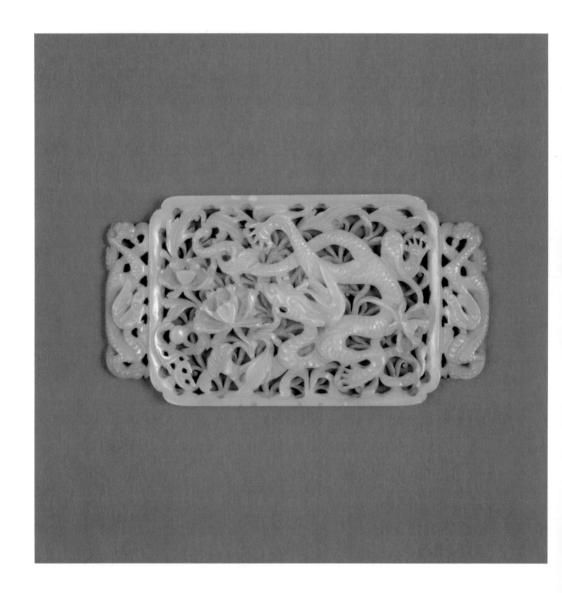

127
白玉蘆雁紋頭飾
【明】
高5.5公分　寬3.3公分　厚1.4公分

◎白玉。月牙形。鏤雕圖案，圖案正面為水塘蘆草，一隻大雁迫降於水草上，一小鷹啄其目。背面雕陰線「大明宣德年製」、「御用監造」等文字。

◎此頭飾圖案為仿金元時期春水圖案，鷹、雁羽毛琢製較金、元作品精細。類似的款識在明宣德時期的掐絲琺瑯作品中亦有出現，玉器中僅發現此件。

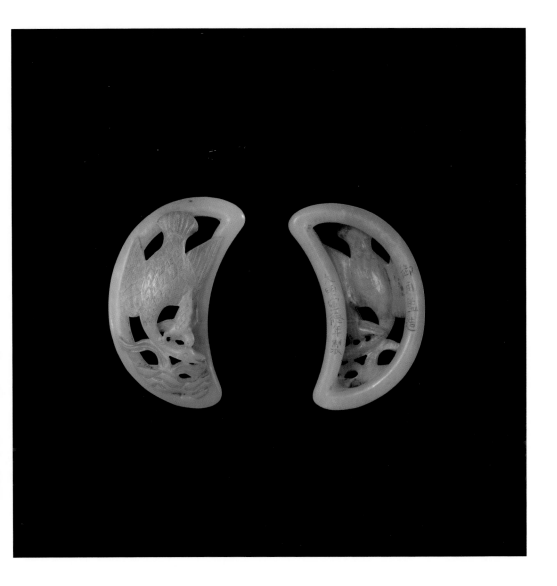

128
白玉雙螭穀紋璧
【明】清宮舊藏
直徑7公分 孔徑2.3公分

◎白玉，微有黃斑。璧的一面琢二
螭，伏於邊沿處，頭相對。另一面飾
凸起的大乳丁紋。

◎這種將圖案凸雕於器物邊緣的做
法，明代玉器中較常見。

129
白玉蟠螭穀紋璧

【明】清宮舊藏

直徑11.2公分　孔徑2.9公分　厚1.4公分

◎白玉，邊沿帶有赭色，局部有染色。璧的一面琢大、小三螭，一螭頭似龍頭，有角。另一面琢凸起的乳丁紋。孔較小，大約為邊寬的一半。

◎這種一面雕螭龍，一面飾穀紋的玉璧，在明、清兩代非常流行。

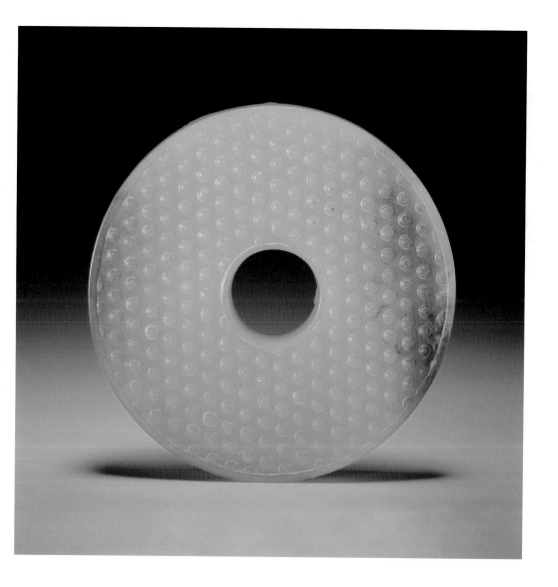

130
白玉鏤雕蟠龍紋帶板（20塊）

【明】

鉈尾長7.6公分　寬4公分
大長方板長6.4公分　寬4公分
小長方板長4.3公分　寬1.8公分
桃形板長4公分　寬3.5公分

◎用上等白玉製成，雕琢精緻。從紋飾特點看，為明早期作品。

◎明代帶板，一份二十件者為多。

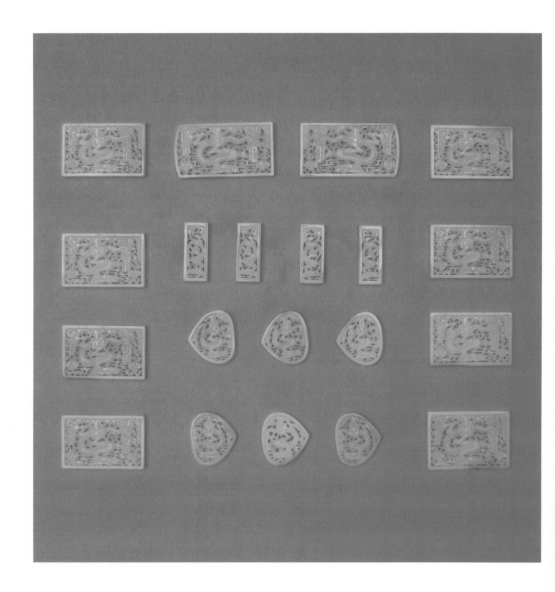

131

白玉人物紋帶板（20塊）

【明】

鉈尾長13.5公分　寬6.3公分　厚1公分
方銙長7.9至8.6公分　寬5.7公分　厚0.9公分
桃形直徑5公分　厚　0.7公分
長條形長6.2公分　寬1.9公分　厚1公分

◎鏤雕。每件都有十字形錦紋地或葉紋地。鉈尾兩塊飾八仙祝壽圖，方銙八塊、桃形六塊、長條形四塊飾嬰戲圖。

◎明代帶板數量多為二十塊，紋飾有花卉、麒麟、龍紋等。人物紋帶板較少見。

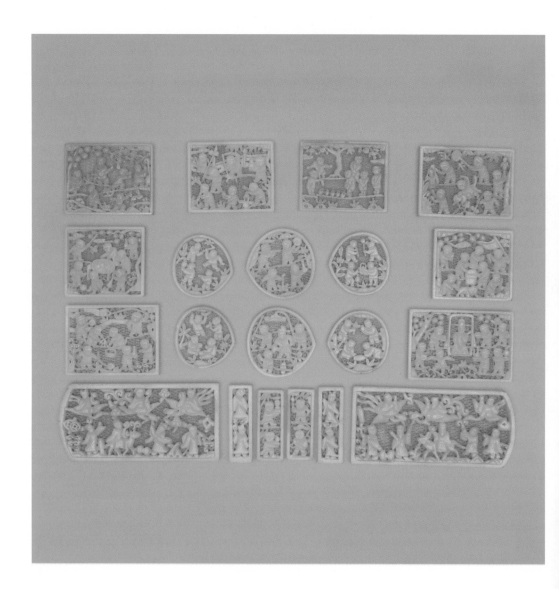

132
青玉乳丁紋圭

【明】清宮舊藏
高20.2公分　寬6.2公分

◎青玉，有褐色斑。長方形，頂端凸
起圭角。兩面飾凸起的乳丁，各為
八十一粒。

◎明代，圭的用途較多，考古發掘中
乳丁紋圭一般見於已婚婦女的服飾。

133
玉山紋圭

【明】
高13.1公分　寬4.8公分

◎青白色玉。上部飾三星，下部飾海水江崖圖案。

◎目前發現的明代玉圭有素圭、乳丁紋圭、山紋圭、弦紋圭、海水江崖圭等多種。一般都較精緻。

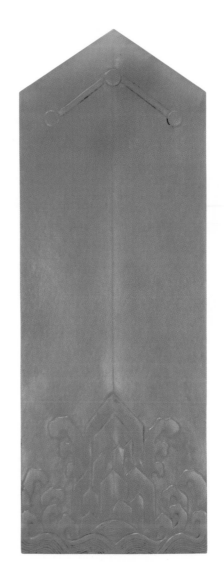

134

青玉花卉紋靈芝耳杯

【明】

高6.3公分　口徑11公分　足徑5.1公分

◎青玉琢製而成。圓撇口，圈足。器兩側雕雙折枝靈芝耳。外壁隱起菊花和寶相花紋。

◎靈芝為吉祥瑞草，菊花是長壽之花，寶相花是富貴吉祥的象徵。此器以靈芝、菊花、寶相花為飾，寓富貴長壽之意。

135
青玉乳丁紋雙耳杯
【明】
高3.5公分　口徑6.8公分　足徑4.35公分

◎青玉琢製，半透明。圓口，圈足。外壁隱起三周乳丁紋，器兩側夔式雙耳，頂面深刻對稱雲紋。

◎明代玉器中有較多的乳丁紋杯，或雙耳，或單柄，其形皆矮小。此杯為代表作品。

136
青玉四螭杯
【明】
長15.2公分　高6.5公分　足徑5.1公分

◎白玉，局部有糖色。直壁，圓口，兩側鏤雕螭形耳，螭旁又有小螭，杯上共有四螭。

◎螭耳杯在明代非常流行，此杯雕鏤精緻，為代表作品。

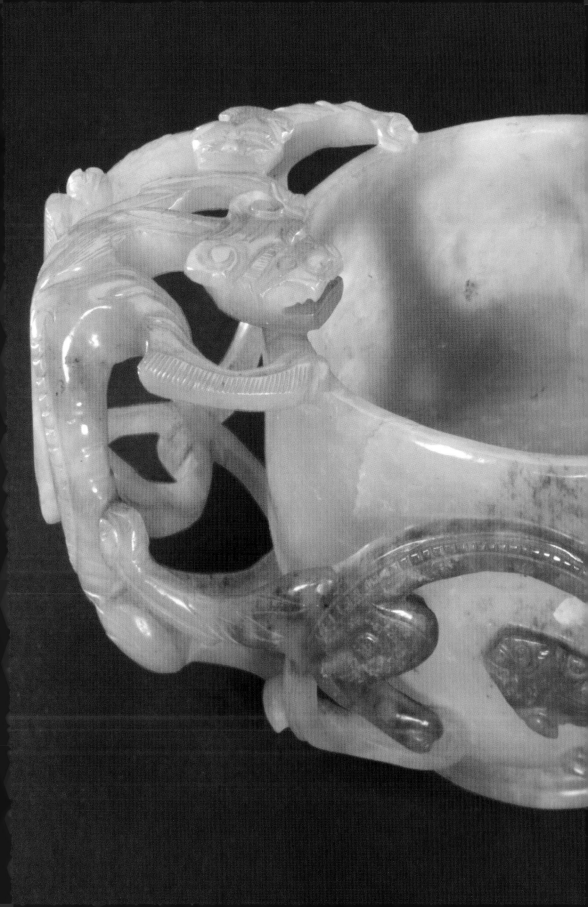

137

青玉鏤雕葵式杯

【明】

長17公分　高7.4公分

◎有褐色沁。秋葵花形，內底凸雕花蕊。杯外鏤雕花枝、花葉，一處露出杯口，以便使用。

◎明代這類鏤雕玉杯很多，有些作品的鏤雕部分大於杯身，表現出高超的技巧。這類作品對玉料的要求較高，故入清以後很少製作。

138
青玉單柄仿古蟬紋杯
【明】清宮舊藏
高12公分　口徑10×5.2公分

◎青灰色，局部褐色。形似扁筒，上部略寬，橢圓形足。頸部飾陰線網格紋，腹下部飾變形蟬紋，足外有弦紋。杯的一側為柄，柄上部為圓形　，其下飾小螭，杯的另一側鏤雕三組小螭龍，螭龍上下排列，有很好的裝飾效果。

◎此杯為仿古樣式，鏤雕精緻，為明代玉器中的精品。

139
青玉花卉紋碗
【明早期】
高7.4公分　口徑13.9公分　足徑7公分

◎灰黃色，有黑色條斑紋。器壁厚重。器裡光素，口沿陰刻回紋和絃紋各一周。外壁上下飾陰刻弦紋各一周，其間隱起纏枝牡丹、菊花、寶相花，為大花大葉，浮雕淺而平，為明前期風格。
◎此碗雕刻技藝嫻熟，刀法有力。是難得的明早期傳世器皿。

140
青玉螭柄鳳紋匜
【明】
高7.8公分　寬3.6公分

◎青白色。器略方，橢圓形足，兩側飾鳳紋。

◎匜在古代青銅器中就已出現，明代玉器中有較多的匜杯，器形仿古青銅器，但柄、足及裝飾有所變化，多以當時流行的圖樣為主，絕少仿古紋飾。

141
青玉龍柄荔枝紋匜
【明】
高6公分　足徑6.5×4.5公分　口徑11.5×6.5公分

◎柄部夔龍之頭雕琢細緻，身形簡練。匜外淺浮雕荔枝紋，紋飾較平，荔枝上飾細密的錦紋。

◎此匜為典型明代風格的作品。

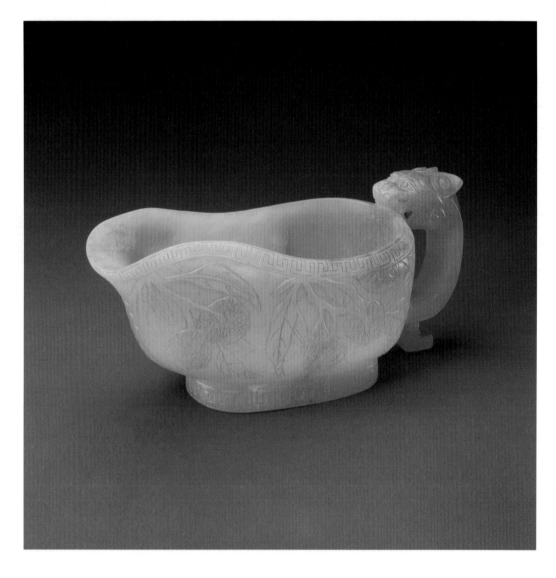

142
青玉單柄獸骨匜
【明】 清宮舊藏
長14.8公分 高10.2公分

◎青色。體較薄，下部為長方形腹，邊角部及每面中部出
戟，四面飾獸面紋。長方形足，單柄，呈夔式，口前端為
流，獸形蓋。
◎此匜的獸頭略方，獸面紋簡練，為典型明代造型藝術特
點。

143
青玉八仙執壺
【明】
高27公分　口徑7.8×6公分　足徑8.2×6.5公分

◎蓋頂壽星騎鹿形鈕，蓋面隱起雲鶴紋，壺腹兩面各飾山石、樹木及四仙紋飾。頸部兩面雕詩句，一側為：「玉斝千巡獻，蟠桃五色勻。年來登鶴算，海屋彩雲生。」末署「長春」；另一側為：「芳宴瑤池熙，祥光紫極纏。仙翁齊慶祝，願壽萬千年。」末署「永年」。

◎此器為明代典型作品，原有鏈連於壺蓋，已丟失。

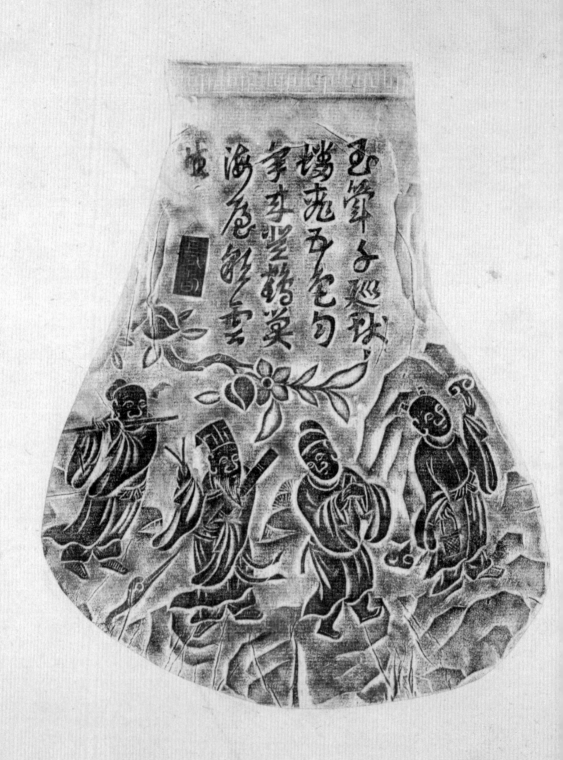

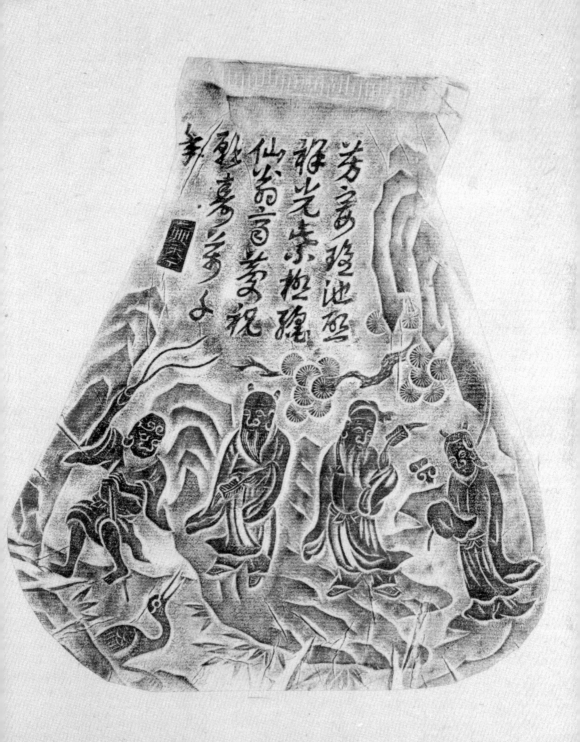

144
青玉六方執壺

【明】清宮舊藏

高18公分　口寬6.9公分　足寬9.2公分

◎青灰色，有褐色斑。壺較高，細頸寬腹，截面為六方形。壺蓋上有一獸形鈕，壺流為獸吞式，夔式柄，柄上端裝飾一獸頭，壺頸部凸起一葫蘆形飾，其上有一壽字。

◎此執壺造型、獸鈕及獸首裝飾、裝飾花紋、文字皆明代玉器裝飾風格，為明代玉執壺的代表作品。

145
玉獸面紋方觚
【明】
高23.8公分　口徑8.4×8.7公分　足徑6×6.4公分

◎黃色沁，表面玻璃光較亮。上、下
部分皆八出戟，並飾蕉葉紋。中部四
面飾獸面紋。

◎此器所飾獸面紋為明代典型紋樣，
與宋代及清代獸面有明顯區別。

146
青玉獸耳壽字長方爐

【明】清宮舊藏
高9.6公分　口徑11.9×9.3公分

◎青玉，有赭色。長方形，四角出戟，爐腹飾凸起的「壽」字及乳丁紋，雙獸耳，獸口吞夔式柱，方形足。

◎此爐仿古代鼎式，擺放在桌、案上，有很好的陳設效果，又可用來燃香。

147
玉山水人物紋盒
【明】
高6.2公分　口徑7.8公分　足徑6公分

◎方形，分器、蓋兩部分。蓋面隆
起，飾隱起的山水、樹木、人物、房
屋、漁船等紋，左上角琢行書「桃紅
含宿雨，柳綠帶朝煙」。器四面琢隱
起過枝花卉，分別為：梅花、碧桃、
荷花、石榴。外底方圈內琢陽文篆書
「子岡」二字款。

子岡即陸子剛，明晚期碾玉妙手。所
琢器物多為實用品，如髮簪、壺、
杯、水注、盒、花插等。造型規整，
器形多變，古雅精緻，技藝精湛。

148
青玉八卦紋盒
【明】清宮舊藏
口徑6.6公分

◎青白色，圓柱形，外表凸雕兩周八卦圖案，上口嵌金邊，其上的玉蓋為宋代連珠龍紋玉佩，蓋的周邊有一圈大連珠紋，中部鏤雕雲龍圖案。

◎此盒的用玉、加工方式、光亮特點及圖案風格有明顯的明代玉器特點。

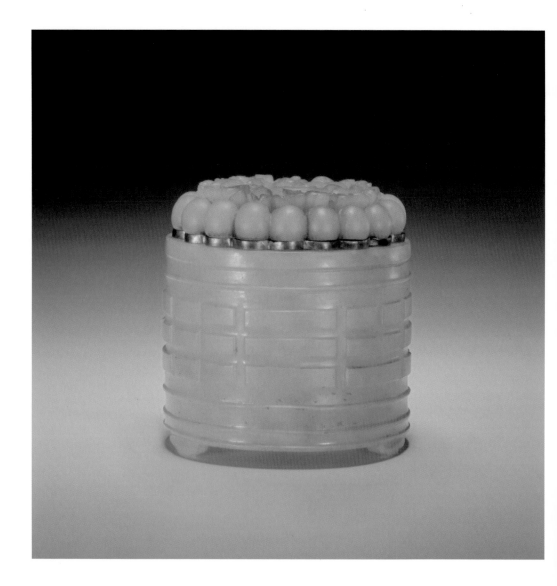

149
青玉靈芝式花插

【明】

高23.8公分　口徑10.7×9公分　足徑8×8.5公分

◎青玉琢製。鏤雕、透雕、凸雕、
深雕、陰刻等技藝融於一體。中間
靈芝形大容器可插花。器外壁和其
下琢飾水仙、靈芝、竹枝和竹葉。
寓長壽之意。

150

「子岡」款茶晶花插

【明】

高11.4公分　口徑4.2公分　足徑3.8公分

◎水晶茶色，透明。圓雕。不規則形圓口，厚唇，圓平足。凸雕兩枝梅枝，利用原材料之白色，巧琢數朵梅花和花蕾，自然逼真。在兩梅枝之間隱起行書「疏影橫斜，暗香浮動」兩行八字，末署陰文「子」圓章和陽文「岡」方章。

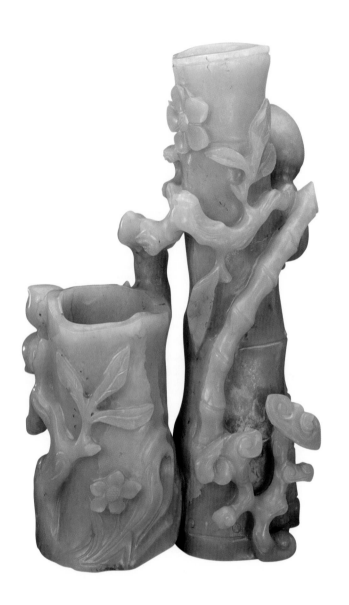

151
青玉竹節式雙筒筆插
【明】　宮舊藏
高21.9公分

◎青灰色。雕兩段竹節相並，其上
　有小竹，並有靈芝、水仙，竹節內
　空，上部有口，可向內插物。
◎目前能夠確認的明代器物中，有較
　多的仿生物造型用具，仿植物造型
　器物主要有花果式、樹樁式、竹節
　式，此作品以自然造型為基礎，含有
　吉祥寓意。

152
青玉鳳獸筆插

【明】清宮舊藏
高9公分

◎青玉，表面有玉皮顏色。下部為臥獸，獸身之上伏一鳳，鳳背有一觚，內空，可插物。

◎一鳥一獸組合的作品，古代玉器中多有出現，時代不同，所代表的內容也不同。宋、元以後，鳥獸組合往往有英雄的含意。

153
青玉銜靈芝臥鹿筆架
【明】清宮舊藏
長14.85公分　高5公分　厚2.1公分

◎青玉。中部雕臥鹿，兩端雕山石靈芝，上部可架筆。採用鏤雕工藝，局部留有鑽孔。

◎筆架一物，漢代就有，至宋、元之時，樣式多種多樣。它的造型，往往表現出使用者的審美取向，也表現出社會上的流行趨勢。

154
青玉棲鳳山子
【明】清宮舊藏
高14.1公分　寬8公分

◎暗青色，有橘黃色斑。雕一鳳棲於
山石之上，鳳形生動，長尾下垂，舒
展。山石為鏤雕，細瘦而多孔。石
孔為鑽頭鑽出，明代鏤玉多採用此方
法。
◎此山子一側較平，亦可平放。

155
青玉人物壽鹿山子
【明】
高14.8公分

◎以山石為景，雕策杖老人及小鹿，
以寓長壽和福祿之意。

◎圓雕景物陳設，宋元玉器中已出
現，但結構較簡單。這件明代的玉山
子佈局嚴謹，人物及動物造型準確，
有較高的藝術水準。

156
玉臥嬰伏鼓鎮紙
【明】
高7公分　寬3.5公分

◎有褐色沁。圓雕臥嬰伏鼓。

◎宋、元玉器中出現了大量的童子題材作品，明代玉器對此有所繼承和發展。一些明代玉童子的造型模仿宋代作品，而局部裝飾有所變化。此臥嬰為傳統題材作品，臉部及衣紋雕琢細緻，不同於宋、元時作品。

157
青玉臥獸鈕長條鎮紙
【明】清宮舊藏
長21.8公分　高3.9公分　寬1.9公分

◎青白色，局部有赭色。長條形，方柱狀，上部有一臥獸形鈕，臥獸為回首狀。

◎宋、明之時，玉鎮紙多以比較短的立體造型為主。此鎮紙是條形鎮紙，又稱鎮尺，對玉材要求非常嚴格，在當時非常珍貴。

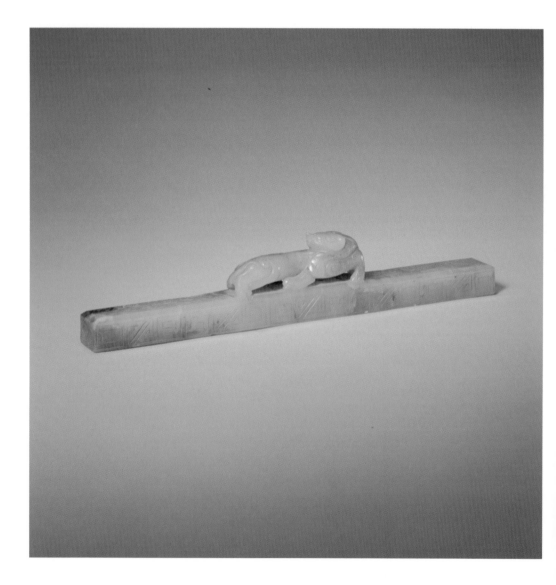

158

白玉鏤雕委角荷葉式洗

【明】清宮舊藏
高1.5公分　口寬6.1公分　底寬6.5公分

◎白而細膩。荷葉形，葉邊緣分為四段，呈四瓣海棠式。一側有鏤雕枝葉形柄。

◎洗為文房用具，用以貯水。

159
青玉異獸硯滴
【明】清宮舊藏
長9.9公分　高6.3公分

◎暗青色，有橘黃色斑。獸為臥式，大頭，雙角，圓眼，口銜靈芝，身體內空，背部有一孔，孔內插滴柱，滴柱上端也為異獸形狀。

◎此作品獸頭的形狀、鏤雕方式皆具明代玉器特點，為明代獸形硯滴的代表作品。

160
白玉螭紋長方硯
【明】清宮舊藏
長16.6公分　高10.8公分　厚1.2公分

◎青白色。硯形略呈箕式，前端較寬。飾螭紋，背面有「嘉慶御賞」款。

◎玉硯自宋、元時期就已流行，但由於材料珍貴，又不易發墨而數量很少，目前發現的早期玉硯多為明代作品，一般都呈較薄的片狀。

清

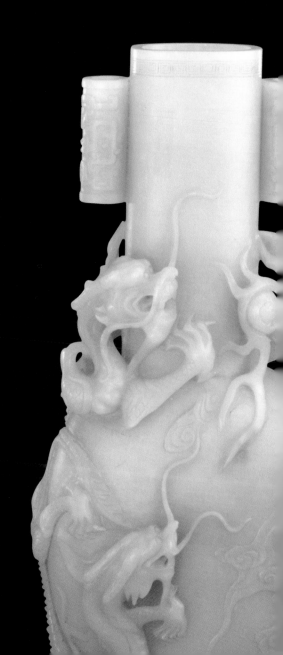

清代玉器的用玉主要有翡翠、透閃石玉、蛇紋石玉。翡翠主要產於緬甸，屬輝石類礦物，明代已經進入我國內地 但數量很少。到了清代，其得到較多的使用，出現於民間及宮廷玉器中。清代使用的透閃石玉主要產於新疆，以和田玉最為出名，有河裡的子料，還有自山間開採的山料玉。蛇紋石玉的產地很多，又常與透閃石玉共生，清代使用的蛇紋石玉，一些產於新疆，一些產於遼寧的岫岩。相比較而言，清代玉料的供應，似較宋、明時期更為充足，玉器的製造數量也較宋、明時期更大。清代玉器的加工，採用的是我國傳統的玉石加工方法，用金屬砣具加沙加水進行琢玉。人工動力 加工速度較慢，製造一件玉器需要很長時間，因而玉器屬於珍貴物品。尤其是宮廷玉器，在玉料的選擇上和加工、設計方面都較民間作品為好。但民間玉器中也有一些好的作品，這類玉器在清代藝術品中佔有重要地位。

161
青玉進寶人
【元‧清】清宮舊藏
高3.2公分　寬2.2公分　厚1.3公分

◎青玉，有黃斑。一件為舊玉進寶小人，一件為清代的仿製品，兩件小玉人同置一紫松木春字盒內，盒內還有嘉慶皇帝御書冊頁。

◎春字盒起源於明代，上刻春字圖案及雜寶，稱為壽春寶盒，主要見於漆器，清代宮廷進行了仿製，用以盛裝冊頁、珍玩。

162
青玉異獸硯滴
【清初】清宮舊藏
長16.5公分　寬8公分　高9公分

◎暗青色，局部帶有紅糖色。臥獸形，四肢微站立。大頭，張口，腹內空，背部有小孔，插入一滴管，滴管上部為獸鈕。

◎此器與明代作品類似，但造型較明代作品圓潤、生動。

163
白玉子辰佩
【清乾隆】
高7公分　寬5公分　厚0.8公分

◎白色仔玉琢製。鏤雕、隱起技藝。兩面紋飾。底部均獸面紋，頭頂一圓形飾，中心為太極圖形，其周為篆書「一元開太極，風雲現龍光」十字。頂部為蟠龍紋，旁邊立一舞姿童子。背面圓形飾上琢「宣和年製」四字款。

◎此佩玉質好，雕工精細，為清代乾隆時期仿古之珍品。

164
白玉雙鳳佩
【清乾隆】
高7.1公分　寬3.9公分　厚0.5公分

◎上等白仔玉琢製而成。兩面紋飾相同，中心為橢圓形佩心，上面陰刻對稱的雲形紋。器兩側飾相對的立鳳，口中均銜靈芝。

◎此佩為清代玉佩之精品。

165
蟠螭白玉佩
【清乾隆】
長7.3公分　高6.3公分　厚1.8公分

◎白玉琢製而成，兩面均有人為著色。鏤雕成蟠捲螭形，軀體遒勁。頭居中，張口露齒。琢四肢，每足飾三爪。

◎此佩為清代乾隆時期仿漢代螭佩之精品。

166
青玉三陽開泰
【清】清宮舊藏
長20.1公分　高7.6公分

◎青玉，局部有染色。中部雕一大羊，臥狀，背負浮雲及日，身前、身後各有一小羊。

◎《易經》有「正月為泰卦，三陽生於下」之句，據此，人們將三陽開泰作為歲首賀詞，又用三隻羊表示。

167
青玉鴨
【清】
高17.2公分　長15公分　寬5.2公分

◎上等青白玉琢製而成。站立形，回首鳴叫狀。體肥碩，雙翅收攏，翅尖交叉，其上精雕細刻，在不同部位飾極細的羽紋。短粗腿，闊掌。短尾翹起，神態逼真。

168
青玉洗象童子
【清】
高20.4公分

◎青白色。雕二童立於象背沖洗象身。

◎清代玉器中,以象為題材的作品非常多,寓太平有象之意。

169
青玉托塔坐佛

【清】清宮舊藏
高17.4公分

◎青白色。佛坐於蓮台上，雙手於胸
前托塔，塔內佛龕中亦有小佛。

170
青玉觀音

【清】清宮舊藏
高28.3公分　寬14.5公分

◎以青玉雕成。坐姿，左手托瓶於腹
　前，右手持枝。衣紋自如而複雜，雕
　琢細緻。

171
青玉執果羅漢

【清】清宮舊藏
高22.6公分　寬9.3公分

◎青玉製。立姿，大頭，著長袈
裟，左手執一枝葉，右手下垂，其
下有碧玉蓮花座。

◎羅漢五官複雜生動，表現出作者
較好的造型功力。為成組羅漢中的
一件。

172
青玉鏤雕獸面紋佩

【清】清宮舊藏
長8.3公分　高6公分

◎青玉，有大面積褐色斑。鏤雕，表面為仿古獸面紋。
◎此佩為清代仿古作舊玉器，曾被溥儀攜出故宮。

173
黃玉鏤雕螭紋佩

【清】清宮舊藏
高7.5公分　寬6.3公分

◎黃玉，周邊為褐色，中部為繩紋環，環內飾夔紋，環外飾螭龍。
◎此佩為清代仿古玉器，曾被溥儀攜出故宮。

174
青玉鏤雕蓮花花囊

【清】

高8.8公分　寬6.9公分

◎青玉，微有黃斑。花囊下部為兩片玉片組成的盒，似荷包，其上鏤雕蓮花圖案，荷包上部有蓋，將荷包扣住，其上有夔式提樑。

◎此荷包內空，可以貯香料，可掛於室內，也可掛於人身。

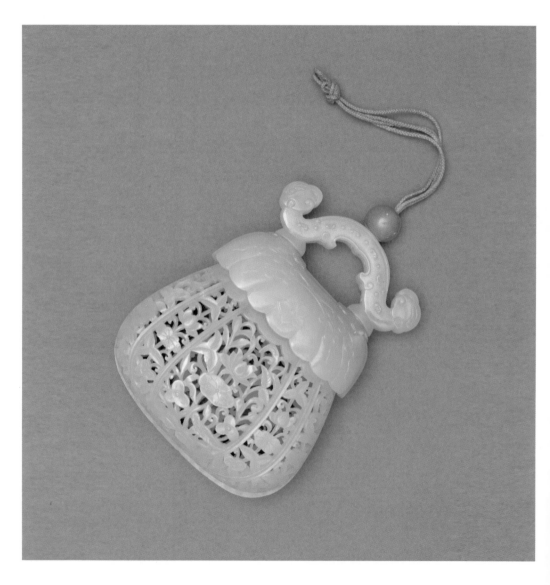

175
乾隆題詩鵪鶉嘉禾如意

【清】清宮舊藏
長37.1公分

◎青白色。柄呈彎曲狀,其上刻有乾隆題詩,如意頭部刻有鵪鶉嘉禾圖案。

◎清代宮廷中大量使用如意,此種玉如意用整塊玉製成,需要較大的玉料,是如意中的精品。

176

玉五子登科杯

【清】

高6公分　口徑7.5公分　足距3.6公分

◎杯外環立五子，口沿外留出一塊未加裝飾，以便使用。

◎清代宮廷玉器中大量使用了吉祥圖案表示吉祥用語，一些圖案設計較牽強，藝術水準不高。但此杯所雕五童形態生動，藝術水準較高。

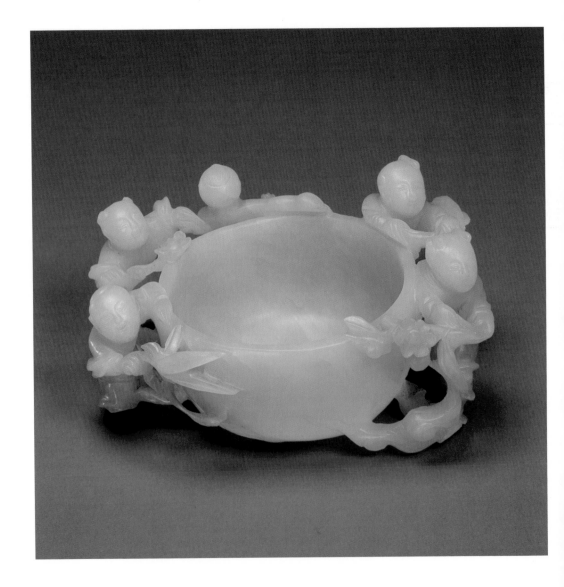

177
白玉螭耳托杯

【清】清宮舊藏
杯高5.6公分　口徑8.3×10.2公分

◎白玉。橢圓形，單螭形耳，白玉托盤，紫松木座。杯內刻有乾隆題詩，托盤及杯底有表示乾隆的文字、圖案，座上刻隸書乾隆題詩，並刻有「乾隆御玩」隸書款。

◎從詩文作品中多重乾隆刻詩及圖案款識所知，此杯深得乾隆皇帝喜愛。

178
乾隆款青玉百壽字蓋碗
【清】
高9.2公分　口徑14公分

◎青玉。圓形。碗蓋及碗身外分別雕「壽」字，共一百字，「壽」字為陰刻，內描金色，碗頂及底刻有「乾隆年製」款。

◎玉製蓋碗，僅見於清代，且多數胎體較薄，加工工整。

179

玉鏤雕牡丹紋花薰

【清】

高7.5公分　口徑13.4公分　足徑8.3公分

◎白玉琢製。圓形，圓口，圈足，器口兩側飾折枝並蒂牡丹花為耳。全器鏤雕牡丹花和枝葉，翻捲有致，形象逼真。器底上部為一周蓮瓣紋。

180
青玉獸面紋環鈕爐
【清】
高13.7公分　口徑15.5公分　足距3.5公分

◎青白玉琢製，局部有人為著色。分器、蓋兩部分。環形蓋頂，上飾蓮瓣紋，蓋面上部等距凸雕五個環形鈕，下部五組獸面紋。器口外沿環鈕五個。腹部飾相對夔鳳紋五組，並間飾篆「壽」字五個，底部凸雕五獸吞式矮足。造型新穎奇特，雕琢技藝精湛。

181
碧玉獸耳活環菊瓣紋爐

【清】清宮舊藏
高12公分　口徑16.2公分

◎青綠色，微透光。圓形，蓋隆起，圓環式蓋鈕，爐口四周有四個獸頭形耳，獸首銜環，四矮足。蓋面飾凸起菊瓣紋，爐身飾菊瓣紋。

182
碧玉仿古夔紋簋
【清】
高17.6公分　口徑23.1公分

◎深碧色。圓形，兩側有獸首形耳。器腹及蓋琢相對夔紋。
◎此器仿古青銅器，紋飾略有變化，所飾夔龍紋與古器紋飾不同。獸耳之造型則全無古意。不求古樸而求精工，是乾隆朝玉雕仿古彝器的特點。

183

青玉褐斑八節琮

【清】清宮舊藏
高17.4公分　口徑7.7公分

◎青玉，表面有較多的褐斑。角部分
為八節，交叉飾人面紋與獸面紋。

◎此琮為仿良渚文化玉琮，所用玉料
呈青綠色，清代之前玉器中幾乎不
見，有較明顯的清代玉器特點。

184
碧玉獸面紋出戟觚

【清】清宮舊藏

高20.2公分　足徑7.5公分　口徑13公分

◎碧玉。胎較薄，分為上、中、下
三部分，圓形口。其外有自上而下
六道凸起的戟線，上、下兩部分飾
凸起的花葉紋，中部飾獸面紋。

◎此觚圖案受痕都斯坦玉器影響，
為清代宮廷重要陳設用品。

185

青玉雙耳活環鳧魚壺

【清】清宮舊藏
高42.6公分　口徑12.7公分

◎青玉。較厚重，仿古樣式，細
頸，闊腹。兩肩飾凸起的獸面，獸口
之下有環，腹部亦飾凸起的獸首銜環
裝飾。壺頸及腹飾有凸起的魚、鳥圖
案。底部有「大清乾隆仿古」款。
◎清代宮廷使用了較多的大型玉瓶作
室內裝飾，多為仿古樣式，造型古
拙，多無蓋，此壺為代表性作品。

186
青玉蟠螭獸面紋斜方瓶
【清】
高27.5公分　口徑4.1×6.5公分
足徑4.2×6公分

◎青玉。整體呈菱形，小口、小
足。蓋面菊瓣紋，頸部凸雕三螭相
戲紋，肩部飾俯仰垂雲紋。腹部兩
面以正面凸稜為中軸線，各隱起獸面
紋，其上下菊瓣紋各一周。

187
白玉花卉山石座扁瓶
【清】 清宮舊藏
高23.2公分　底長13.4公分　寬3.9公分

◎玉白而細膩。瓶扁高，細頸，兩
側鏤雕夔式耳。瓶腹上部飾豎向條
紋，其下為鏤雕的花卉。瓶足之下
有山石，花卉之根連於山石上，山
石、花卉與瓶連為一體，下有紫松
木座。

188
乾隆款青玉蟠龍貫耳瓶

【清】清宮舊藏
高29.9公分　口徑5.7×4.1公分

◎青白色。瓶較高，頸細而長，兩側
為貫耳。口沿及身上有細花紋，瓶腹
微凸，頸及腹皆飾凸起的蟠龍，龍戲
火珠，瓶底有「大清乾隆仿古」款。

189

白玉雙聯瓶

【清】

高16.3公分　口4.3×3.3公分

◎青白色，方柱體，造型為兩個方柱相並，其間有夔龍相連。雙蓋相並，其間一鏤雕鈕。器表面飾仿古紋樣。

◎玉雙聯杯、雙聯瓶在明、清之時非常流行，多為兩個圓柱體相連，方柱形作品很少見，加工也較圓柱作品工藝複雜。

碧玉四柱式爐瓶盒三事

【清】清宮舊藏

爐高15.1公分　耳距15.9公分
瓶高13.1公分　腹5.2×6.4公分
盒口徑5.6×6.4公分

◎綠色，帶黑斑。爐、瓶、盒一套，皆為四柱式。爐為方形，四角為柱形，頂部蟠龍式鈕，兩側有獸頭式耳，耳上掛活環；瓶身四面中部有由上而下的界線；盒亦為方形，四角為圓柱式。

◎爐、瓶、盒三事在清宮主要為陳設器及用具，爐可燃香，盒內貯香料，瓶內插鏟箸，一些爐、瓶、盒，因傳世年久，有失群現象，後搭配組合，以至玉色、樣式不統一。這一套作品應為四柱式爐、瓶、盒的典型樣式。

191
白玉團花蓋罐
【清】清宮舊藏
高15.5公分　口徑12.9公分　足徑6.7公分

◎罐潔白。圓形，石榴式，分蓋、器身兩部分。蓋鈕呈環形，外翻似石榴花，底有小圓足。器身及蓋外表凸起團形圖案，為「壽」字和花卉，分佈不均勻，似為隨意，「壽」字多在口沿交接處。

◎此種團花裝飾，在清代宮廷玉器中非常少見。

192
青玉鏤雕嬰戲筆架

【清】清宮舊藏

長12.7公分　寬4公分　高6.6公分

◎青白色。雕十童子列為兩行，手中各有持物。

◎童子題材，在唐代器物中就有較多出現。宋、元之時，玉器中多有獨立的或雙童相聚的童子題材作品；明代又增加了母嬰題材作品；目前發現的群童玉器，主要為明、清時的作品。

193

青玉三峰筆架

【清】清宮舊藏

長9.6公分　寬3.8公分　高6.1公分

◎青白色，雕三峰相連，其外飾螭紋，作品凹處可架筆。

◎三峰筆架在宋代已很流行，一直延續到清代。宮廷中多用三峰筆架，一些為素三峰，一些還帶有乾隆款識。此筆架用玉精良，為代表性作品。

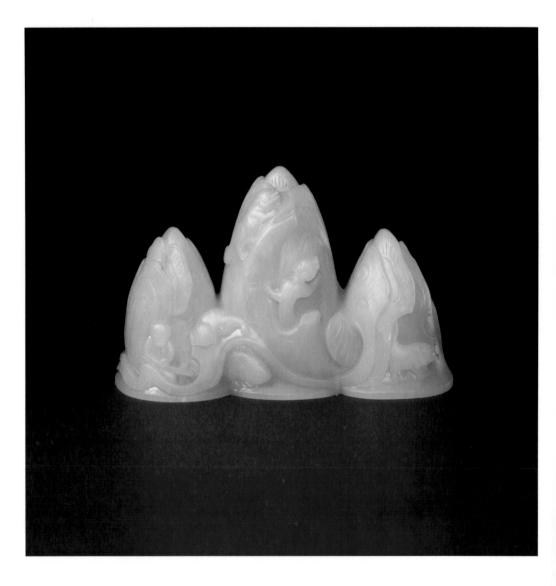

194
乾隆款青玉三峰筆架

【清】清宮舊藏
長10.6公分　高4.8公分

◎青玉。三座山峰相連，凹處以架筆，下有「乾隆年製」隸書款。

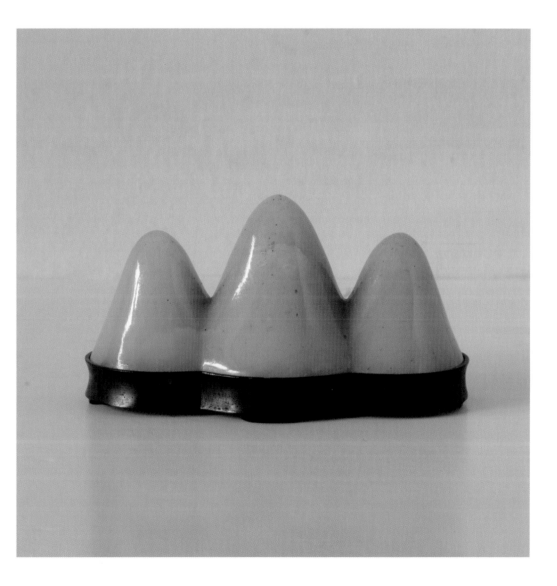

195
青玉壽字洗

【清】清宮舊藏

通架高19公分　口徑13.5公分

◎青白色。圓形，敞口，一側有柄。下有青綠色玉製托，托下為碧玉座架。洗上篆書「壽」字。

◎這件作品採用了多種色玉，加工精緻，為清宮玉器的代表作品。

196

青玉鴞式硯

【清】清宮舊藏

長9.1公分　寬6.5公分　高1.7公分

◎青玉，局部有褐色斑。厚片狀，上部較平，雕為鴞形，頭側向左，頸與身間為硯池，身為硯堂，兩側有雙翅。

◎玉硯一般不易吸水，不乾墨，但表面較滑，不易發墨，使用前需將硯堂處理為毛面。

197
青玉會昌九老玉山

【清】清宮舊藏
通座高145公分　最大周長275公分　最寬90公分

◎玉色不均勻，局部深青色，局部青白色。山形，體積約有1立方米，重數噸。其下有銅座。正面雕會昌九老圖。

◎會昌九老圖描述的是唐會昌五年，白居易、胡杲、吉旼、鄭據、劉真台、盧慎、張渾、狄兼謨、尹盧真九人集於香山龍門寺之故事。

清

198
大禹治水圖玉山

【清】清宮舊藏
高224公分　寬96公分

◎青玉。山形，體積近２立方米，重逾萬斤。環山雕大禹治水圖，氣勢磅礴。山上刻有「五福五代堂古稀天子之寶」、「天恩八旬」、「古稀天子之寶」、「猶日孜孜」等印，隸書「密勒塔山玉大禹治水圖」，並乾隆題詩。玉料自新疆運達北京，做木樣後又運往揚州雕刻，製成後置於故宮樂壽堂，前後費時十年，是玉雕中的傑作。

199
青玉雲龍紋大甕

【清】清宮舊藏
直徑128公分

◎青玉，有白色斑塊。內空，下有銅座，耳下有木座。外雕雲龍紋。

◎清代宮廷檔案中多有製造大玉甕的記載，現存作品寥寥，此為最大者，存於故宮樂壽堂內，是宮廷重要陳設品，又可貯水，以備不虞。

200
青玉刻詩五松圖長方屏
【清】清宮舊藏
高15公分　寬22.1公分

◎青玉。長方形，插於木座內。一面凸雕五松圖，一面刻詩。

◎五松見於泰山，傳始皇上泰山封禪，風雨暴至，避於松下，封其松為五大夫，又稱五大夫松。

附錄一　古代玉器簡述 | 張廣文

一、新石器時代玉器

　　近幾十年，在紅山文化、龍山文化、良渚文化及石家河文化等新石器時代遺址中發現了大量玉器，為研究、識別新石器時代的玉器提供了依據。這些遺存數量較大，品種也較豐富，同類器物在傳世的古玉中常能見到，因而瞭解這些玉器的品種及特點，對識別古玉器是非常必要的。

　　紅山文化遺址分佈於我國東北地區，使用的玉料呈青綠色，有的色較淺，以青色為主，有的色較深，近似於蒼綠，少量玉材呈青黃色。玉的硬度較一般岫岩玉高，與新疆玉接近，主要成分可能是陽起石。造型以動物為主，主要品種有璧、環、玦、璜、龍、箍、捲雲形器、鳥、龜等。常見的器形有馬蹄形、勾雲形、丫形、C形、玦形。馬蹄形器為筒狀，一端略粗，斜坡形圓口，筒內往往帶有掏膛時留下的弧形切割線。雲形器和丫形器都是片形玉器。雲形器為方形，中部鏤空，四角出榫；丫形器形如丫字，這兩種玉器的厚度都呈規律性變化，邊緣薄，中部稍厚。有的器物上有淺而寬的凹槽。玉龍的形狀為C形，龍身光素而近似環狀，頸部有長鬣，頭部或有網格紋裝飾。玉玦主要為獸頭玦，呈環狀，一側有缺口，缺口的一側雕獸頭，頭寬而大，臉部前凸，身呈彎柱形，獸頭的頸部有一圓形孔。玉鷹有兩種主要形狀，一種翅膀張開伸向兩側，身短小；另一種翅膀張開而後垂，似有肩，翅的下面有豎向的凸起弦線。鷹的腹面雕琢較細緻，因而是取仰視的角度。玉蟬形似柱，尾端驟尖，蟬身有凸起的弦紋。

　　龍山文化產生於新石器時代晚期，分布面較廣，目前確認的有山東龍山文化、河南龍山文化、陝西龍山文化等類型。考古發掘到的山東龍山文化玉器有圭、鏟、環、玦、璇璣、鉞、髮簪等。河南龍山文化玉器有璧、環、璜等。陝西龍山文化玉器有璇璣、璜、鉞、璋、玉刀等。龍山文化玉器在造型及加工上達到了很高的成就。

　　山東龍山文化遺址分佈於山東地區，是大汶口文化的直接延續，發現的重要玉器有璇璣、圭、透雕髮簪。璇璣的名稱是暫用名，有人稱其為牙璧，認為是璧的一種，器形為中心有孔的圓形玉片，外側旋出三或四個較大的齒牙，這種玉器延續到商、周時代。玉圭發現於山東日照兩城鎮，有人稱之為鏟，呈長方形，一端稍寬，有刃，另一端有孔，有以眼目為中心的獸面紋或人面紋。類似的作品在傳世品中有很多，圭上的紋飾往往以較短的陰線槽勾連而成。這種陰線的邊緣不甚光滑，同後世用砣子砣磨出的陰線不同。一些傳世玉器上，還能看到用凸起的弦線構成的這種人面、獸面紋，加工這種紋飾難度較大，從考古發掘出的玉器看，龍山文化玉髮簪柄部凸起的環節線與這種弦紋製造技術類似。因此，這

種獸面紋玉器亦屬新石器時代作品。另外，一些傳世玉器上往往帶有後人仿製的凸線獸面紋，後仿的紋飾一般起凸較高，不如原作古樸。

陝西龍山文化玉器主要發現於長安縣客省莊遺址和神木縣龍山文化遺址，重要作品有玉璋和玉刀。玉璋近似於長方形，一端略窄，有人稱之為長梯形，寬的一端有一個向內凹進的月牙形口，有刃。玉刀極長，刃部稍內凹，刀背有四個或五個小孔，刃薄而鋒利。陝西龍山文化的玉璋、玉刀，所用玉料近似於墨綠色，微透明，玉色均勻無雜質，同新疆玉及岫岩玉不同。加工玉器的開片技術很高，玉片極薄。表面往往留有開片時留下的錯碴。在傳世品中常能見到這種玉刀，往往是殘件，被改製成其他形狀。

良渚文化分佈於太湖地區，浙江、上海、江蘇等地都有良渚文化遺址，浙江餘姚縣反山、上海青浦縣福泉山、江蘇吳縣張陵山、江蘇武進縣寺墩等遺址都發現了大量的良渚文化玉器。良渚文化玉器的品種非常多，加工技術也很好。主要品種有琮、璧、璜、鐲、環、帶鉤、觽、斧、鉞、斧柄飾件、三叉形器、錐形器、墜、珠、鳥、龜等。所用玉材主要有兩種，一種為軟玉，由透閃石、陽起石組成，這類玉礦已在江蘇溧陽小梅嶺發現。這種玉的硬度較高，微透明，色澤純正。一種被稱為假玉，主要成分為葉蛇紋石，硬度、光澤、透明度都不及軟玉，而且受沁較重。從外觀上看，假玉有三種情況，一種為牙黃色，是受沁或盤磨而成，玉材本色很難辨認；一種表面完全鈣化，可能是玉在土中受沁造成的，常被稱為石灰沁或雞骨白；另一種呈青褐色不透明，玉色不勻，有深淺不同的色斑，玉表面沁色較淺，呈白霧狀。

良渚玉器的加工工藝主要有開料、製坯、鑽孔、刻紋、起凸、抛光等，包含了新石器時代玉器加工的主要工藝。開料中廣泛使用了線切割技術，即用線繩加硬沙拉磨，使大塊玉料分割為幾塊玉料，許多良渚玉器上有線切割留下的弧形痕跡。鑽孔主要用實心鑽，孔徑較大且有粗細變化，一般孔的口部大而外撇，內部直徑變小。玉器上的刻紋較細，用手工刻劃，陰線為主，線的兩側有崩裂的痕跡，在人、獸紋飾的眼部往往有環形陰線圈，這種圈較一般的陰線刻紋粗而深，可能是用空心管旋磨的。凸雕往往用於獸面的眼、嘴部或人面紋的頭額、鼻部。個別玉器上有凸雕的鳥紋或獸面紋，凸雕紋飾多呈較薄的平面，平面上有陰線刻的飾紋。

良渚文化玉器的形狀、紋飾特點如下：

1・琮／常見的有二種。一種為方柱形，外表分為多節，上端寬，下端窄，自上而下有一穿孔，每節的四角飾人面紋或獸面紋；另一種為矮寬形，琮的寬度大於高度，外表分為二節，每節的四角刻紋飾，以一節為人面，另一節為獸面紋最常見。

2・璧／直徑在20公分左右，有的大於20公分。較厚，厚度不均勻，中心的孔較小，

多由兩面對鑽而成，孔徑有變化，中部直徑略小。

3．璜／有近似於半璧的大璜，璜上飾有凸雕的獸面紋。

4．錐形器／一端磨尖，有圓柱形或方柱形兩種，有些錐形器的外表飾獸面紋，如果把獸面擺正，錐形器的尖端向上。錐形器的一端往往有一小凸榫，榫上有小孔，可穿繫繩。錐形器的尖部很短，自頂端向四面的坡度很大。

5．三叉形器／下部為圓弧形，頂部有三個向上的方柱，似「山」字，三叉之下往往飾獸面紋。

6．鉞／較大，一端為刃狀，另一端呈不規則的齒狀，用來插入木柄。有的鉞上還帶有神人獸面紋飾。

7．觿／角形玉片，鏤雕紋飾，鏤雕的方法是先鑽孔，然後於孔間用線與硬沙磨通。

傳世玉器中有大量的仿良渚文化玉器，多數作品在加工技法和玉材使用上有別於真正的良渚文化玉器。

石家河文化分佈於湖北地區，遺址中出土的玉器很多，其中有二種最重要：一種是玉人頭，這種玉人頭在傳世玉器中也能見到。玉人的頭頂似有冠，大鼻，口有長牙，耳垂的部位有圓形孔，似有耳飾；另一種是鳳形玉環，鳳首與尾相接，身曲作環形，是一種非常有特點的作品。

二、商周時期玉器

商早期玉器以河南偃師二里頭出土的玉器為代表，主要品種有玉刀、鉞、圭、柄形器、筒形器、鵝、龜等。

1．玉圭／二里頭出土的玉圭與龍山文化玉圭樣式近似，長方形，一端略寬，似有刃，另一端稍窄，有上下排列的兩個穿孔。在有孔的一端雕有圖案，為錦格紋和凸起的橫向條紋。所用之玉有牙黃色及雞骨白色。傳世玉器中有一批玉圭，它們的製造年代在龍山文化晚期到商早期，這批玉圭所用玉材複雜，有青白色長石，人工加染的玄色玉、牙黃色玉、雞骨白色玉、蒼色青玉等，加工手段古樸，往往採用手工操作和初步的砣磨相結合的手法。

2．玉刀／較長，兩端向裡斜，呈梯形，刀較厚，背部有孔，孔數不等。兩端為直邊，有的邊上有齒牙。刀背及刀刃附近往往有陰刻直線紋或斜方格紋。傳世玉器中也有這類玉刀，有整刀，也有殘件，有些殘件曾被誤認為是古代玉璋。這類玉刀所用之玉為青色或青綠色細膩長石，紋飾為長陰線構成，線條筆直，線槽底部滾圓。

3‧牙璋／陝西龍山文化玉器中已出現牙璋。商早期的牙璋與其近似，但有所變化。柄部近似於長方形，在璋柄與身相接處的兩則，有向外的凸齒。齒的樣式複雜，似變形鳥頭，一端較寬，有一凹下的月牙形刃口，凹刃的兩個端角，一個較另一個略長。商早期牙璋用玉不同於陝西龍山文化牙璋，呈暗褐色，玉中有斑紋。

4‧鉞／不同於良渚文化玉鉞，也不同於商中晚期玉鉞。形狀更近似於璧，較圓，中心有一個較大的孔，兩側似於璧上各切去一塊而留出直弦，直弦上有對稱的齒牙。鉞的下部是弧形刃，刃部又磨成連弧紋。

5‧戈／用較薄的玉片製成，長條形，兩側有刃，頂部尖銳並向一側略偏，內較窄，內部往往有成組的陰刻斜線。

6‧箍／二里頭出土的商代玉箍為圓筒式，壁薄，兩端直徑似稍大於中部。新石器時代晚期到商代，這類玉箍出現較多，多數為手腕飾玉，有些玉箍做得較薄，有的上面帶有凸起的弦紋。傳世玉器中常有後人仿製的上古玉箍，一般較厚大，圓度、厚薄都太規矩，無古玉味道。

商代中期玉器以河南鄭州二里崗、輝縣琉璃閣、湖北黃陂盤龍城發掘到的玉器為代表，有璧、牙璋、戈、圭、柄形器、璜等，數量不多，風格介於商早期與晚期玉器之間，盤龍城出土的玉戈非常大，長度為94公分，磨製精細。

商代晚期的玉器主要發現於河南安陽殷墟，截止到1990年，考古發掘到的玉器已超過二千件，足以說明商晚期玉器之多，傳世的商代玉器多數都是這一時期的作品。商晚期玉器的主要品種有琮、璧、圭、戈、戚、鉞、刀、環、璜、玦、牙璧、珠、人像、人頭、臼杵、調色盤、梳、匕、鬥、笄、簋及大量的獸、鳥、魚、蟲等。它們的造型及工藝特點如下：

1‧琮／較新石器時代琮要小，孔徑較大，壁較薄，外側不分節，有粗陰線或圈線構成的紋飾。有的琮外有凸起的裝飾，如蟬紋、扉稜等。還有的琮外為光滑的平面，無飾紋。

2‧璧／薄而平整，多數用南陽玉製造，製造水準較新石器時代有很大提高，璧表面有同心圓的陰刻線和磨痕。還有一種璧，在圓孔的兩面有凸起的廓，有人稱之為乳環。

3‧圭／形狀同新石器時代相比有了很大的變化，較窄，較厚，頂部較圓，頂兩側的方角逐漸消失。圭表面或有陰線琢的長條紋飾。

4‧戈／裝飾紋樣略有變化，內變短，成組的陰刻斜線飾紋也不再使用。

5‧戚／近似於長方形，一端有刃，兩側有裝飾性小凸齒，有很小的穿孔。

6‧璜／較窄，半璧式璜幾乎不見，弧所對的圓心角為120°左右，也有的近似半圓。

有素璜、龍紋璜、魚形璜等。素璜薄而平，兩端有孔；龍紋璜上的龍紋是用勾撤法雕出的雙陰線；魚形璜則是將璜雕出頭、尾，使其呈魚形。

7．玦／環形而有缺口。商代玉玦造型受紅山文化玉玦的影響，許多都做成團身龍形。玦的一端為獸頭，其後為弧形的龍身。有的在玦上雕龍紋，龍頭有不明顯的蘑菇形角，臣字形眼，龍身飾重環紋；另外還有一些素玦。商代的玦可能是耳飾。

8．鳥／有幾種，一種比較寫實，片形，有側面形鳥，也有背面形鳥。背面鳥以燕為多，近似三角形玉片，嘴前凸似錐，張翅，翅上有簡單的飾紋；一種有高冠，冠高大而誇張，冠的邊緣還有連續的凸齒，鳥身有擠壓法雕出的折線飾紋。還有鳥首人身、獸首鳥身玉佩。一般來看，商代帶有鳥紋的玉器，造型與紋飾是統一的，也就是鳥紋玉的器形也是鳥形。

9．獸、昆蟲／有虎、熊、牛、馬、羊、鹿及各種昆蟲。造型分二種，一種為圓雕作品，這類作品身體近似於方柱形，外表分成幾個側面，身飾雙折線紋。另一種呈片狀，以屈身為多，四肢為簡單的陰刻線界出，張口，口部鏤空呈多角星形。獸眼的雕法有三種最常見：一為平行四邊形，角部略圓；一為圓形，外廓用斜坡陰線構成；一為「臣」字形。

昆蟲以玉蠶為多，蠶身分節，似連球。

10．瑯／管狀，一端略粗而外撇，兩端間有一通孔，口部呈喇叭形，中心通孔由兩端對鑽而成，不甚直。有些玉瑯上飾蟬紋或獸面紋。

11．柄形器／有片形及柱形兩種，過去有人稱之為琴撥。樣式似琴，一端略寬，寬端的側面向內有凹弧，似柄，柄與器身之間往往有一道很直的陰線為界。柄形器以光素者為多，也有的上面雕花瓣紋或獸面紋。器的下端往往有小凸榫。

12．玉人／有玉人頭和全身人像兩種。人頭以片形為多，短髮，「臣」字形眼，大鼻，寬嘴，頭上有孔可穿繩。婦好墓出土的一件圓雕玉人頭，一面為人頭，另一面有角，似獸首。全身人像以立形玉片為多，這種玉人頭部裝束複雜，似有角，身上有擠壓法雕的折線飾紋；另外還有跪姿玉人，跪姿玉人衣著華麗，衣紋亦以折線紋雕出。婦好墓出土一件圓雕玉人，據分析可能是墓主之像。

西周古墓的考古發現，較大型的已有五十餘處，其中寶雞茹家莊強伯墓地和三門峽虢國墓地出土玉器皆在千件以上。西周玉器使用的玉材種類較多，有新疆玉，也有非新疆玉。虢國墓出土的玉器沁色很重，鈣化較多，有些為石灰沁，有些呈牙黃色。西周玉器的主要品種有琮、璧、璋、戈、戚、刀、觿、璜、柄形器、七竅用玉及魚、蠶、鳥等各種動物。西周玉器上的裝飾紋樣，有些同器形統一，有些則是同器物樣式不同的單純裝飾紋。常見的西周玉器紋飾有三種：

1‧鳥紋／有較統一的樣式，側面形，細頸，昂首，圓形眼，勾形喙，頭頂有一撮豎起的纓狀翎，短身，長翅自頭頂折向頭前，翅端上翹，足直立，身飾長弧線紋。鳥的寬度小於高度。

2‧獸紋／陰刻弧線為主，側面形，獸頭略方，鼻前凸，「臣」字形眼，但眼角為細長的陰線，髮上沖而折向前或後，髮以細密的陰線琢出，獸身以陰刻一面坡弧線勾出。

3‧人首紋／一般見於佩玉，人面又常與獸首合為一體，常見的為側面形，面頰稍凹，陰線杏核形眼，單陰線雲形耳，人身由細陰刻弧線組成，在人的胸部往往有一個向前的獸面。

總的來看，商代玉器上的飾紋多由擠壓法琢出的折線構成，線條較直，轉折處較硬（角度大）；周代玉器紋飾以一面坡陰線構成，線條呈弧形，轉折處較圓滑。另外也有單陰和雙陰線刻紋。西周玉器品種與商代類似，有些在造型上略有區別，西周的玉琮較小，有的上面有陰線刻的鳥紋。出現了雙獸紋玉璧。玉璜較多，出現了兩端都有龍首的雙龍首璜。玉雕動物中最突出的是大角鹿，鹿角於頭頂杈出，幾乎到了臀部。

三、春秋戰國時期玉器

春秋戰國時期，玉器中的禮器較商、西周時期減少，佩玉的品種及數量相對增加。我國古代佩玉體制，在春秋戰國時期完善。商周時流行的玉兵器、鳥、獸等，明顯減少。

春秋時期的玉器在近年來的考古發掘中有許多重大發現，其中以江蘇吳縣窖藏春秋玉器、河南淅川下寺一號楚墓、河南光山縣黃君孟墓、陝西延安地區春秋玉器及山西曲沃晉侯墓地出土的玉器最引人注目。

吳縣窖藏春秋玉器有璧、環、玦、璜、琥、瓦面器、觿等器物。這些器物上的紋飾主要為獸面紋、蟠紋、勾雲紋等。獸面紋以側面為多，嘴部以淺而寬的陰線勾出，上唇長而上捲，唇角近似於方；獸眼有細陰線雕的圓環形和扁圓形等。蟠紋中部如一直線，兩端向內勾捲。勾雲紋似一個小折線，兩端亦向內勾捲。這些玉器上還有許多其他的平面陰刻紋，有的近似於Ｓ形，但轉角處近於方折；有的為一面坡淺陰線組成的「乁」、「冖」、「弖」等形狀的圖案。這些紋飾是春秋玉器上的主要裝飾，在楚文化地區很流行。

陝西地區發現的春秋時期的玉器主要為琮、璧及佩玉。一些器物上的紋飾同其他地區相似，但玉璧等器物上所飾的一種陰線勾雲紋不同於其他地區的玉器紋飾，這種紋樣佈局較密，由方折的直線紋組成，是具有西部特點的玉器裝飾紋樣。

常見的春秋時的玉器紋樣，除上述之外，還有雙陰線紋，即一條陰線或為一面坡，多呈S形；凸起的「?」、「乀」形紋；玉器表面雕隱起的蠶紋或雲紋，邊緣再用細陰線勾勒；細陰線雕出的細網格紋或細鱗紋。

　　常見的春秋時期的玉器有如下幾種：

　　1・璧、環／一般直徑較小，開片薄，表面飾雙陰線雕出的勾連紋或勾雲紋，其中暗含著獸眼及嘴，組成許多不明顯的側面獸頭。

　　2・圭／由商周玉戈演化而來，為長方條形，一端有向上凸起的圭角，個別的圭形器上刻有裝飾紋樣。

　　3・玦／較小，紋飾有兩種，一種由多種勾連紋組成，其中包含著許多小獸面；另一種雕同心圓弧線，弧線的兩端用陰線雕示意性獸頭。

　　4・璜／種類較多。常見的一種較短，近似於1／4圓周，上、下兩側出齒，兩端為獸頭形，璜表面雕隱起的勾雲紋，勾雲紋的邊緣由細陰刻線界出。還有一種近似於半圓形，表面有極細的陰線雕出的裝飾紋。

　　5・琥／多為虎形玉片，主要流行於春秋時期及戰國早期，常成雙出現。用薄玉片製成。虎形不太寫真，虎頭較大，上、下唇皆上捲，呈方形；虎尾粗大，尾端上捲，虎身飾陰線勾連紋，「人」字形紋，「∫」形虎皮紋。虎眼多為橢圓形。

　　6・瓦形玉／其形似瓦，片狀，微隆，兩側各有一凸榫，有的凸榫呈鳥頭形，表面有隱起的雲紋或蟠虺紋。

　　7・珩／主要為扁珩，器形扁而寬，兩側有凸齒，表面飾隱起的勾雲紋或蟠虺紋。兩端間有一個細而長的穿孔。

　　8・各式玉片／有些是人死後入葬時所用面幕上的綴玉，玉片很薄，按照人的五官位置排列，形狀也不相同，上面有雙陰線琢出的蟠虺紋或其他紋飾。另外還有大小不同的方形玉片，玉片的邊緣有成排的方形凸齒。有些玉片較大，邊長在5公分左右，玉片上飾有複雜的獸面紋；有些玉片較小，邊長2公分左右，上面的紋飾較簡單。

　　戰國時期的玉器在使用數量上比春秋時期要大，所用玉料及加工技術比春秋時要好。湖北隨州市曾侯乙墓出土了大量玉器，其中的套環玉掛飾極為精巧，為七個鏤空玉片飾以套環相接，成為二十六個環、佩相接的掛飾。河北平山縣中山王響墓曾被盜掘，仍出土玉器三千餘件，可見戰國時期玉器使用量之大。

　　戰國玉器主要有以下幾個品種：

　　1・璧／一般都不太大，有穀紋、蒲紋、雲紋等不同紋飾。穀紋璧表面雕有凸起的螺旋形穀粒，十分光亮，邊緣有凸起的邊稜；蒲紋璧表面用陰刻線交錯排列，陰線間留

出六角形凸起；勾雲紋璧上雕有隱起的「⼷」形勾雲，勾雲之上再用陰線明確其形狀。

另外戰國時期還有一種玉璧，其孔內或廓外帶有鏤雕的動物形裝飾，多為龍或鳳。

2·琮／戰國玉琮考古發現極少，湖北隨州市曾侯乙墓出土了一件，山西長治戰國墓出土了兩件。一些學者對戰國時期是否使用玉琮表示懷疑，從現在發現的材料看，這個問題尚不宜做結論。傳世品中有一些玉琮，帶有戰國玉器的蒲紋或穀紋，被定為戰國時期的作品。

3·璜／常見的戰國玉璜有多種，其中以1／3圓形璜與半圓形璜最常見。許多璜的兩端呈側面的獸頭形，或曰龍首形。龍首為小耳，張嘴，上、下唇間以一直縫隔開，龍的眼有水滴形、陰線「凸」形等多種。璜上所飾有穀紋、雲紋、乳丁紋等。一些戰國玉璜在形式上有所變化，或在璜上弧之外或下弧之內分別鏤雕對稱的雙鳳、雙獸或方格裝飾，有的璜的上部及下部邊緣雕成凸凹的齒形。

4·珩／珩是成組玉佩上部的配件，一般都比較長，兩端可懸掛其他佩件。可用做珩的玉器有很多樣式，如玉璜、條形玉龍等。

5·環／玉環多用做佩玉，在成組玉佩的中部往往安置玉環。戰國時的玉環，紋飾、樣式都很多，有些與璧近似但邊部稍窄，環上分別飾穀紋、蒲紋或隱起的雲紋。戰國時期還流行繩紋（或稱絲束紋、捲絲紋）環，這種玉環的表面似有絲束纏繞，所纏絲束排列密集，按同一順序傾斜，絲束凸起，上部似有棱。有一些玉環的樣式較複雜，雕成內、外雙層或其他樣式。例如古中山國玉器中有一玉環是在較窄的絲束紋之外鏤雕三隻蟠龍。

6·沖牙／是成組玉佩中下部的玉件，一般成雙使用。一般為片狀，弧形，一端雕成獸頭或鳥頭的形狀，另一端細而尖。有的沖牙表面僅飾雲紋，無鳥、獸的頭形。

7·玉人／戰國時的玉人多用做佩玉，一些呈舞人狀，一臂高舉，著長袖。一些呈直立狀，雙手抱於胸前。平山縣古中山國墓出土的玉人較多，所穿裙袍上飾有排列整齊的大方格紋，這類裝束的戰國玉人也存在於一些博物館的收藏中。

8·玉龍／種類很多，是戰國玉器中最常見的品種，用於佩帶和其他方面。主要有三種：一為S龍。片狀，龍身團得較緊湊，呈S形或雙S形，小頭，上唇長而上捲，下唇向上勾轉，龍身飾穀紋，有些在尾部接一小鳥頭；二為波身龍。龍身細長，彎成水波狀，呈片形或柱形，分別飾絲束紋、穀紋或其他紋飾；三為雙龍佩。龍頭於佩兩側，兩龍之身相連並曲成對稱的形狀。

9·劍飾／是劍及鞘上裝飾的玉件，主要有四種：一為玉劍首，用於劍柄端部；二為玉劍格，用於柄與劍身之間；三為劍鞘飾，或稱為璏，用於鞘外；四為玉珌，用於

劍鞘下端。玉劍飾在春秋時期就已出現，戰國時期更加完善。常見的劍首為圓片形，較厚，中部凹下，中心部有一圓形凸起，上飾渦紋，外緣飾穀紋，還有的飾柿蒂紋。劍格為扁長條形，中部厚，兩端薄，兩面飾獸面紋。劍璏為長方形，背面有倉可拴繫，表面飾乳丁紋及陰線丁字形紋。玉珌為方片形，中部厚，兩側薄，下端略寬，兩面飾「山」形勾連紋或變化了的獸面紋。

戰國時玉器的主要紋飾有穀紋、蒲紋、乳丁紋、勾雲紋、絲束紋、陰刻「丁」字紋、龍紋、鳥紋、虎紋、渦紋、柿蒂紋等，這些紋飾雕琢得都有一定的力度，不追求雕工的圓潤。動物紋飾兇猛而具動感，造型同其他時代也有區別。掌握好玉器造型及紋飾特徵，是識別戰國玉器的重要條件。

四、兩漢魏晉時期玉器

由於西域道路的開通，新疆玉料源源不斷地流入中原，給玉器製造提供了充足的原料；又由於經濟的發展，促使對玉器的需求量增大，漢代玉器同戰國時相比有了很大的發展。漢代玉器基本上延續了戰國時的玉器體系，但品種造型有所變化，數量有所增加，尤其是實用品如插屏、杯、洗、硯滴、枕等大量出現。總的來看，西漢早期的玉器接近於戰國風格；東漢時的玉器更追求裝飾性，如出廓玉璧、扇形玉佩、鏤雕插屏等，設計精巧，雕琢圓潤，表現出較高的藝術性。

漢代玉器的主要品種及特點如下：

1．璧／西漢玉璧多用水蒼玉，玉色如積水，蒼舊而帶沁色，玉中偶有白斑，明代人稱為「飯糝」。璧較大，薄而均勻，小孔，表面以繩紋分區，外區以陰線雕雙身龍，多為四組，龍頭較大僅有鼻、眼、嘴，面頰不明顯，龍身似飄帶披向兩側，細而窄。內區雕蒲紋，蒲紋以粗而淺的陰刻線近60°角交叉排列，陰線間凸起六角形空檔，再加刻「6」形螺線。有一些玉璧的外區加刻鳥紋而不刻龍紋。鳥紋以極淺的陰線刻出，圓眼鉤喙，回首，結構非常簡練。東漢時期出現了廓外帶有裝飾的玉璧，也就是在璧的圓廓之外，帶有一處或多處鏤雕裝飾，這種璧用玉較好，有的為上好的白玉。璧表面雕乳丁紋，廓外所雕多為螭、龍紋，有些還帶有篆書文字。目前發現的玉璧上的鏤雕文字有「長樂」、「益壽」、「宜子孫」等。

2．圭／商、周時的玉戈到春秋戰國時演化成尖頂形玉圭，漢代玉圭同春秋戰國時的類似。目前發現較多的是一種小玉圭，較厚，長約10公分，上部有圭角，用水蒼玉製成，無紋飾，表面光亮。另外，山東省博物館收藏有一件漢代玉圭，較寬大，長約20公

分，上部有圭角，下部向下出一方榫，圭上有凸雕紋飾。

3‧璜／在佩玉中佔的比例不太大，一些玉璜同戰國的作品類似，飾以穀紋或乳丁紋。還有龍紋璜，故宮博物院收藏的漢代龍紋璜，龍首在璜的端部，同漢代龍紋蒲璧上的龍首相似。璜上陰線雕龍身，龍身細而方折，璜的邊緣凸凹呈齒狀，西漢曹墓出土的一件玉璜，為半個玉璧，《說文》釋璜「半璧也」，正好與其相合。

4‧佩／主要是碟形佩，清代人稱之為雞心佩。片狀，一端略尖，中心有孔，兩側或表面雕紋飾。西漢早期的形佩薄而平，佩表面的紋飾為細陰線所刻，兩側的鏤雕較簡單。後來的漢代作品，兩側或佩上常用鏤雕及浮雕的方法雕鳥、獸等動物紋飾，最常見的是螭紋。螭的身上有細陰線雕的「。」、「宀」等形狀的裝飾，碟形佩的表面，尤其是背面常有細陰線紋，這種陰線非常細，似斷似續，具有獨特的風格。東漢時的雞心佩變大變長，出現了近似碟形佩又非碟形佩的扇形佩或橋形佩，佩上大量使用鏤雕和浮雕，螭身似從水中鑽出，頭在佩的這一面，身在佩的那一面。

5‧沖牙／目前考古發現還較少。江蘇銅山縣小龜山出土的一件沖牙呈片狀，一端為獸頭形，器表面分區，區內刻「丁」字形紋，凸弧的外側有鏤雕的螭虎和鳳鳥，同戰國作品相比，裝飾複雜得多。

6‧帶鉤／有長帶鉤和短帶鉤兩種。西漢南越王墓出土的長帶鉤與戰國作品類似，首尾皆飾獸面，腹部薄而長。短帶鉤，有獸頭鉤和鳥頭鉤兩種，鉤頭都較小。獸頭鉤的腹部雕有蟠螭，或光素無紋；鳥頭鉤的鉤頭略作鳥頭的形象，鉤身近似於鳥身。

7‧劍飾／漢代重視玉具劍的使用，玉劍飾的製造量較大，傳世玉器及考古發掘中多能見到。玉劍首多為圓形，較厚，有的中部下凹，雕柿蒂紋，外緣雕乳丁紋；有的中部凸起，雕渦紋，外緣雕穀紋；有的凸雕雙螭紋。劍格為窄長形，中部略厚，兩側或有鏤雕，飾隱起的獸面紋或凸雕螭紋。劍璏有長短兩種，長的劍璏為長條形，兩端下捲，中部的背面有一個倉，正面以獸面紋加蟲紋及雙螭紋為最常見。雙螭紋皆為凸雕，一大一小，大螭方形頭，爬行狀，小螭居一端，尖形頭，有的還帶羽翅。還有的劍璏上雕乳丁紋。短的劍璏一般正面看呈長方形，側面看呈「口」形，正面雕蟲紋，側面雕獸面紋。漢代的劍珌與戰國作品相似，有些略短，常見的紋飾有「山」形紋、變形獸面紋、穀紋，還有的帶有鏤雕螭紋、鳳鳥紋、虎紋。

8‧杯／有三種常見類型。一為角形杯。漢南越王墓出土一件，但傳世品中宋、明時期的作品頗多，是由漢代角形杯演化而來。漢代的杯在裝飾方法方面有自己獨特的風格，明以後的作品紋飾則明顯不同。二為尊。考古發掘已有發現，故宮博物院收藏有傳世品。同時故宮博物院還藏有宋、明時期的仿製品。尊形如粗筒，三足，圓形蓋略粗於

尊，扣於口上。尊外雕夔鳳及穀紋。漢代玉尊圖案以穀紋為中心，夔身單細，圈成穀紋的邊框。宋以後出現了仿漢作品，這些作品中的夔鳳居圖案中心。三為筒式杯。杯形似細筒，底部有一細長足，足下端呈片形，杯外或飾穀紋，或飾螭紋，無蓋。這種杯較常見。

9・玉人 / 常見的有兩種，一種為舞人，一種為俑人。兩種玉人都有較統一的樣式，舞人為小頭，杏核形眼，著長裙，兩臂皆長袖，一袖自頭上甩於身另側，另一臂橫於身前；俑人又被稱為翁仲，立形，長袍束腰，兩臂合於胸前，短頸，額方頷尖，陰線雕眼鼻，自頭頂向腰兩側打通孔，或自頂到足底打通孔。這類作品多數為近代仿古。

10・辟邪 / 是一種有翼的異獸。一般為張嘴狀，頭頂有角，凸胸，四肢短小。羽分前後兩組，前組羽短，較後組多一羽，辟邪之身常帶有「。」、「∨」、「∭」等細陰線裝飾。

11・玉馬 / 一些玉馬頭部較瘦，由眼部到腮部較真實的馬窄，張嘴。常見的多為臥式，一隻前蹄踏地，其餘三足臥於腹下。

12・玉鳥 / 漢代的玉鳥有鷹、鳩、雀三種。小頭，嘴部如榫接。翅的前部較寬，似有肩。翅由象徵性的寬羽組成，前後二組，每組三四羽。

13・蟬 / 漢代的玉蟬有的含於死者口中，是喪葬用玉；有的蟬上有孔，可懸掛佩帶。蟬一般都較薄，似玉片，翅外側壓於身上，背部用弧線界出頭與翅，有些蟬腹的前部有陰線琢出的「×」形分割線。整個作品線條簡練，僅極少的幾道粗陰刻線。漢代的玉蟬被後人大量仿製。

14・玉豬 / 一般握於死者手中，稱為「握」。柱形，嘴部細瘦，身上有幾道簡練的粗陰線表示耳、腿、足，陰線多用大坡刀。

魏晉南北朝時期的玉器考古發現還不多，僅零星地發現於南京、江西、遼寧、安徽等地。玉器的基本風格延續了漢代玉器的特點，一些器物的紋飾、加工方法稍有變化。

1・異獸 / 同漢代類似，張口，凸胸，後臀略隆起，四肢短小，身側有羽翼，羽端向上翹。

2・佩 / 目前發現有兩種，一種呈雲頭形，窄而長，上端凸起呈連弧形，下端邊緣較平；另一種為蝶形，與東漢作品風格近似，雕雲螭紋，螭身自雲水中鑽出。

3・劍飾 / 劍首和劍璏上往往帶有雲水紋，遼寧北票縣馮素弗墓出土的劍首，圓形，正面凸雕雲水紋，數層疊壓，雲水的邊沿有長陰刻線。

4・蟠螭 / 螭身細長，蟠成環形或「6」字形，尾旋捲於環中，螭或為一足，踏於尾，有的螭頭旁有一隻小鳥。

5・玉豬 / 有些同漢代類似，有些較漢代作品複雜，凹腰凸臀，四肢明顯。

五、唐宋時期玉器

　　唐代玉器的考古發現主要有廣東張九齡墓出土的玉佩、玉碗，陝西禮泉縣越王李貞墓出土的玉佩及西安何家村窖藏玉器。在傳世玉器中也有較多的唐代玉帶飾、玉飛天、玉梳背，還有各式各樣的玉杯。總的來看，唐代玉器在風格上與秦、漢作品有很大區別，玉器圖案中的動物及花鳥與自然界中的實物較接近，較少有誇張的色彩。

　　1．飛天／唐代玉飛天使用得較多，文獻中也能看到使用玉飛天的記載。目前發現的唐代玉飛天主要是傳世玉器，皆為上等玉製成，側身，臉為正面形狀，略胖，裸上身，一臂平舉，身下有三歧形雲朵。傳世玉器中有一些側面臉形的飛天，多數為遼金作品，個別的屬於唐代作品。

　　2．帶板／有三種，一種為方形；一種為橢圓形，下部直邊；另一種為長方形，一端呈弧形凸起。唐代玉帶板較厚，中部浮雕圖案，或為動物紋，或為人物紋，多數帶板的邊部向內呈坡狀下凹，中部的凸雕圖案與帶板的邊緣高度接近。人物圖案常為進寶人、伎樂人。人形多為高鼻闊腮、捲髮，著緊身衣、褲，穿靴，臂與腿上有細陰刻線表示衣褶。人物腳下常有一塊方毯，人身附近還常有長飄帶。

　　3．頭飾嵌件／玉步搖或玉釵頭上所嵌玉片。上等白玉製成，薄形玉片，有些鏤雕成花葉形，有的呈半月形，玉片之上雕花鳥圖案。

　　4．玉佩／有兩種，一種為花鳥紋玉佩，形狀較隨意，多為鏤雕。鳥翅有兩種較常見的雕法，一為鳥翅前部較長，折成「人」字形，翅上有細長的陰刻線，翅端上翹；一為鳥翅短而寬，前部呈弧形前伸，後部較圓，翅上有陰刻線，線的間距較寬。另一種玉佩呈幾何形狀，或為雲頭式，可能是南北朝玉佩的延續。禮泉縣越王李貞墓出土的玉佩有三種：一種似梯形，上部凸起五連弧，中弧下部有一孔；一種雲頭式，片形，上端凸起三連弧，兩側也向下勾捲；一種近似三角形，頂部凸起三連弧。總之，這些玉佩都呈片狀，上部邊線製成連弧形。唐代有的玉杯柄部也呈這種形狀。

　　5．玉梳／唐代的玉梳主要插在頭上用做頭飾，因而做得非常精緻。故宮博物院收藏的幾件唐代玉梳皆是用極薄的白玉片鏤雕而成，很難用以梳理頭髮。玉梳呈半月形，梳背呈弧形。梳背上鏤雕花、鳥或雲頭紋，雲頭紋似蘑菇形，前部為三歧，兩歧捲向兩則，中歧前凸，後部似蝌蚪之尾。

　　6．梳背／可能是銀梳或木梳上的嵌件。梳背有統一的形狀，細長，兩端呈弧狀，近似於半月，下部邊沿較薄，為直線，背部略呈弧形。玉梳背上的圖案近似於野菊，葉較

大，葉上有陰線葉脈，有的帶有孔雀等圖案。

7 · 玉獸／傳世品中有一批玉獸被認為是唐代作品，但多數缺乏依據。有些人把一種近似漢魏作品，但胸部有橫節紋的無翼異獸定為唐代。唐代法門寺地宮發現了一件三彩狻猊，北京故宮博物院收藏的一件玉獸同其相似，為同時代作品無疑。另外，我們通過唐代雕塑及金器瞭解到唐代的獸面紋具有如意形鼻、獸面短而寬、橫眉等特點，結合這些特點及造型、尾部結構等，還能確定一部分玉獸為唐代作品。

8 · 玉杯／唐代的玉杯樣式很多，有些同銀器、瓷器中的杯類似。目前常見的唐代玉杯大致有三種：一種為羽觴形，器身窄長，兩端尖，小圓餅式足；一種為瓜棱形，杯口為多瓣形，在考古發掘中已發現兩個八瓣杯。故宮博物院收藏一件，杯口六瓣形，杯身為三道瓜棱式；還有一種為單柄杯，杯身為圓形或橢圓形，杯側有一柄，或為流雲形，或為其他形狀。

最常見的宋代玉器有佩玉、器皿、仿古類玉器等。佩玉以鳥、獸、魚、花為主，古代的璜、珩、沖牙等組成的佩玉體系在宋代已不很流行。器皿中最多的是杯、碗，樣式同古代也有區別，出現了許多花果形酒杯。仿古玉中既有玉雕仿古彝器，也有仿古玉器，一些玉器上有作舊處理的痕跡。宋代玉器的常見品種及特點如下：

1 · 帶飾／主要有帶鉤、帶板、束帶。帶鉤較短，有的鉤腹、頸都較寬，但較薄，鉤頭呈片狀，有的鉤腹窄而厚，鉤頭為獸頭形。另外還有魚形帶鉤。玉帶板以江西上饒出土的為代表，傳世玉器中也有類似的作品。其中有長方形、一頭略寬的鉈尾，也有方形的飾板，帶板上雕獨立的人像（明以後的帶板，或有人、獸圖案，或成組人物圖案，無單一人像），人像的衣褶、衣紋較多地使用細長陰刻弧線。束帶或稱帶穿，也稱為提攜，形狀有方形也有圓形。革帶從兩側間穿過，下部有一個扁環，可穿繫攜掛其他物件。目前見到的宋代束帶，多為雲龍紋飾，器物的邊緣有一周凸起的連球紋。另外還有荷葉龜巢、大雁等紋飾的作品。

2 · 花鳥／宋代有許多帶有花鳥紋的玉佩，常見的花有牡丹、秋葵、百合、荷蓮、八仙花等。一般來看，雕琢較圓潤，大花大葉，花、葉之上多有細長的陰刻線。葉又多雕成折合式，中心葉脈處凹下，似合頁。常見的鳥有鳳、孔雀、壽帶、鴛鴦、瑞鶴等。鳳的頸部較少裝飾，翅上有細長的陰刻線，尾長而似帶，邊緣有鋸齒形裝飾。孔雀為小頭，頭頂一撮翎，翅有細長的陰刻線，長尾，每一支尾翎似以花瓣相連而成，花瓣中心凹下或鏤空。壽帶鳥為回首狀，小圓坑眼，身無羽，翅上排列細長的陰刻線以示羽翎，尾細長。鴛鴦多見於玉爐頂，臥狀，細頸，大頭，眼細長，羽及尾上有細長的陰刻線。

3 · 玉人／宋代的玉人以玉雕童子最常見，有攀枝、戲耍等各種動作，較多的是執荷

童子。玉雕童子頭部雕得較細緻，後腦較大，高鼻，眼、嘴雕得較簡單，手腕似有鐲。童子一般身著小馬甲、大肥褲。馬甲上或有陰線刻的「囝」形錦地，上臂肘彎及腿彎處以三道陰刻短線表示衣褶。

4‧玉魚／常見的有兩種，一種無鱗，一種有鱗。無鱗魚的魚身窄而長，小圓坑眼，腮部有一條半圓的陰刻弧線，小鰭，小尾，鰭及尾上有細長的陰刻線。有鱗魚身寬而短，似鱖魚魚鱗，以網格狀陰刻線表示，張嘴，雙環形眼，嘴部及腹下鰭部有幾道粗陰線，魚身僵硬，尾自身後上翹，極具動感。宋代玉魚口中常雕有水草，水草又以荷葉、茨菇為多。

5‧玉獸／多為臥狀，常見的有鹿及異獸，還有玉馬、玉狗等。玉鹿頭部簡單，嘴長而上翹，口中常銜靈芝。異獸的頭較小，如意形鼻，眉粗而呈水準狀，尾較長，端部呈三叉形，每一叉都呈繸狀。宋代玉獸中還有較多的獅子，這類作品的獅頭上捲髮較多，臉部很小，三叉形尾，兩側兩叉尾短，中一叉長而上衝。

6‧玉杯：有三類：一類為花‧果形單柄杯，杯形或為花、果，或為葉，柄側以叉梗為一杯柄。最典型的是浙江衢州出土的荷葉杯，杯形似捲邊的大荷葉，柄為荷梗及小荷葉。這類玉杯柄部枝葉少而簡練，葉較厚，上面有細陰刻線；一類為單柄淺杯，圓形，很淺，一側有一環形柄，柄的上端有水準向的板形　，上面雕有裝飾紋；還有一類為龍柄杯，杯身為八方形、花瓣形等不同樣式，杯側雕龍為柄，龍一般為細長眼，上唇長而上翹，長髮。

7‧仿古玉佩／常見的有仿漢蟠龍、仿漢螭紋佩、仿漢玉劍飾等。這類作品的玉色古舊，雕琢圓潤精緻，與漢代作品類似，但無漢代的神韻。與漢代作品比，蟠龍兇猛不足，螭眼圓而不如漢代作品凸起，因而目無神采，在紋飾結構上往往摻雜想像成分。

從宋代的文獻中可以看出，宋人對古玉進行了整理和研究，宋代的仿古玉是在玉器市場的擴大和古玉逐漸受到人們重視的條件下發展起來的。到目前為止，考古發掘到的宋代仿古玉器非常少，人們確定的宋代仿古玉器，多數是通過對古器進行排比，並借助其他工藝的比較得出的。主要有仿古玉尊、彝，帶有如意形雲紋、蟠紋、獸面紋、勾雲紋的玉器、玉劍飾等。仿古玉器皿有爐、匜、獸面雙耳杯等，形狀似古而非古，在紋飾、造型上與古玉器略有區別。宋代工藝品中大量使用如意形雲紋，雲的形狀似如意頭，端部略尖。螭紋與漢代不同，或為小圓耳，或為旋形耳，額頭較長，臉較短。獸面紋與漢代類似，但鼻端呈勾雲形，眼部不若漢代獸面的立體感強。勾雲紋與戰國類似，表面隱起，其上有陰刻線，但給人的感覺較古器圓潤。宋代的仿古玉劍飾，或琢螭紋，或琢獸面紋，紋飾、造型與漢代作品略有區別。

六、遼金元時期玉器

遼，金、元是我國北方民族建立的國家，這一時期使用的玉器，受到了我國傳統文化的深刻影響，許多玉器同唐代及宋代玉器有密切聯繫，也有一部分玉器帶有鮮明的北方民族特色。目前，這一時期的玉器考古發現還不多，研究的面還不太廣。

遼代玉器的考古發現，主要有內蒙古昭烏達盟巴林右旗窖藏白玉獸、白瑪瑙杯，內蒙古解放營子遼墓出土玉帶飾、玉飛天，內蒙古哲里木盟遼代陳國公主墓出土成組玉飾及龍紋玉飾。白玉獸為蟠伏形，眼部用小圓坑表示，同宋代某些玉魚眼形近似，獸頭有長披髮，披髮上有細長的、近乎平行的陰刻線，這種細長陰刻線在某些宋代玉器上也常能見到。玉飛天同唐代作品風格類似，上身赤裸，身下有雲朵。目前發現的唐代玉飛天胸部多做正面造型，遼代玉飛天則多為側面身形，雙臂在胸前。玉掛飾中有鏤雕盤繩、鏤雕魚鳳、鏤雕魚龍等，這些作品是具有代表性的遼代作品。盤繩的中部有一繩結，外部有圓形的繩套。這類作品鏤空雕去的部位大，餘下的部位小，所餘之繩細長。這種玉佩，非好玉不能製。遼代的繩結佩細部雕琢較粗，不如清代的精緻。玉魚的頭、尾都較小，身飾網格紋，鰭部平直方硬，尾向兩側分叉，尾及鰭的邊緣呈鋸齒形。鳳、鳥之眼細長，身飾網格紋，翅的前端呈折角形，翅上有細長的陰刻線。另外，遼代玉器中還有一定數量的玉杯，其中有考古發掘的作品，也有傳世玉器，杯形有圓形、八角形、六瓣花形，杯上有蓮瓣紋、雲龍紋、鹿紋等不同紋飾。

考古發現的重要金代玉器有奧里米古城及周圍金代墓葬群出土的雙鹿紋玉牌，哈爾濱香坊墓出土的玉壽帶銜花佩、玉羊趾骨，黑龍江地區出土的玉馬、玉魚、玉飛天、玉童，北京豐台區金代烏古倫墓出土的壽帶啄花佩、青玉游龜佩等。

1‧雙鹿玉牌／三角形，鏤雕。母鹿在前，回首，公鹿在其身後，頭頂有長角。

2‧壽帶銜花佩／壽帶鳥為素身，長頸，回首，小圓坑表示眼部，翅膀一支伸開，另一支後折，翅上以細長的陰線表示羽，尾細長，尾端分叉捲向兩側。壽帶口銜折枝花。類似的玉佩在杭州地區及北方的傳世玉器中也曾發現，它是當時一種較為流行的玉器。

3‧玉魚／短寬形，陰線環形眼，身飾網格紋，小尾分叉歪向兩側，尾上有細長的陰線，尾部邊緣有鋸齒形紋。魚口銜水草、荷葉、茨菰。

4‧玉童／與宋代玉童近似，短衣、肥褲，嘴部及雙眼用陰線圈出外輪廓，臂部及腿部衣褶用幾道陰線表示，腿一前一後為交叉狀。玉童之身有黑斑，似水銀沁。

5‧壽帶啄花佩／花瓣為圓形，琢成向下凹的球面，花葉中部下凹似折合，葉脈以細長的陰刻線表示。

6・**游龜佩**／雕兩個相並的荷葉，葉脈為細長的陰線，葉邊緣呈齒狀，荷葉邊緣有茨菰，茨菰之葉中部凹下似折合，龜伏於荷葉上，龜背為六方形紋。兩件作品中的陰線葉脈、折合式葉、鋸齒形葉邊、球面下凹的花瓣等雕琢特點，在其他宋金時代的玉器上也常能見到。

壽帶啄花佩與游龜佩的造型、雕法代表了宋、金時代玉器的典型題材與風格。

另外，有一部分玉器，它們的圖案帶有明顯的北方民族特點，其中尤以秋山、春水圖案為多，這部分玉器多數為金、元兩代的作品，個別的可能是遼代所製。

1・**帶有鶻、鵝圖案的玉器**／縱鶻擒鵝的活動在遼、金、元時期很流行，《遼史》中就有遼帝放鶻捉鵝的記載；《金史》中記載金人服飾制度「其束帶曰吐鶻……其從春水之服則多鶻捕鵝」。鶻是一種體型很小的鷹，在圖案中往往置於鵝頭的上部，玉器上的鶻常有一種躍跳感。鵝雕得很肥大，腮部有一道陰刻弧線，翅張開，翅上或以細長的陰刻線示羽，或把羽雕成排列整齊的凸棱形。常見玉器有下列六種：一為片形，半圓雕的鵝，或於鵝頭處有一鶻；二為片形，半圓雕荷葉水草，鵝隱於水草之下，鶻於荷葉之上似欲俯衝；三為長方形玉瓦，中部凸雕一鶻一鵝；四為圓環，中部鏤雕一鵝，鵝頭上方有一鶻；五為鏤雕玉爐頂，雕鵝隱於荷葉之下，鶻欲捕之；六為帶有鶻、鵝圖案的器柄。

2・**帶有虎紋的玉器**／圖案以虎紋為主，往往配有群鹿和柞樹。這類作品大多虎身帶有玉皮之色或燒烤出黃色、黑色，虎頭有「王」字，虎眉與鼻呈「ㄩ」形，虎身有雙陰線琢出的虎皮紋，虎尾呈波形，有陰線橫節紋。虎紋使用的具體情況又有如下四種：一為子母虎。雕母虎、幼虎各一隻，伏地而臥；二為臥虎奔鹿。虎伏於地，隔樹有群鹿奔逃，圖案所示可能為《遼史》記載的皇族秋季圍獵，射虎殺鹿的情景；三為虎踞山石。山石上一虎，身旁有柞樹，目前見到此類作品三件，表面皆燒烤為黑褐色。柞樹葉大而似球，上面有陰線刻葉脈；四為虎鈕玉押，印押之上圓雕一虎為鈕，虎背有黃色烤色。

3・**帶有鹿紋的玉器**／或為群鹿奔跑，或為雙鹿佇立，或為臥鹿。鹿雕得很雄壯，身上肌肉發達，細腿，長角，頸部及肩部似有一個台，或以一道斷開陰刻線表示肩部比頸部高出一點。這類作品有玉爐頂、玉嵌件、玉佩件、玉帶飾。

除上述幾種玉器之外，元代玉器還包含著更加廣泛的內容，它的品種和傳世數量較遼、金時期的玉器要多得多，主要種類和圖案題材如下：

1・**帶飾**／主要是帶鉤、帶扳、帶扣。帶鉤有兩種，一種小而寬，琵琶形，以無錫錢裕墓出土帶鉤及西安小寨南鄉瓦胡同出土帶鉤為代表。這種帶鉤腹部寬而薄，其上有凸起的鏤雕荷蓮紋或螭紋，鉤頭也較薄，雕龍頭或荷蓮；另一種較大，腹部雕螭紋，是典型的龍首帶鉤。元代的玉帶板樣式很多，常見的有獅戲球帶板和雲龍紋帶板。帶扣的形狀似兩

個方形板，以一個套環相接，其中一塊板上有一孔，可鉤扣，另一塊板背面有一個凸起的鈕，可套條帶。這類帶扣以螭銜靈芝圖案為多。

2‧器皿／目前見到的元代玉器皿有蓋瓶、尊、爐、洗及各種酒杯。蓋瓶、尊、爐屬仿古器物，但同古器物又有不同，器物上雕的螭紋、龍紋或其他紋飾都帶有明顯的元代紋飾特徵。酒杯有單柄杯、龍耳杯、螭耳杯及花式杯等。單柄杯同宋代作品類似，但紋飾不同，龍耳杯或螭耳杯的耳有明顯的元代龍、螭特徵，長披髮，五官集中於頭前部，肩部有火焰狀紋飾，小腿有橫節紋等。花果形玉杯同宋代玉杯的風格近似，但雕琢工藝不若宋代圓潤。

3‧動物／考古發現的元代玉雕動物主要有鳥、魚和異獸。鳥主要是大雁或天鵝，西安何家村出土的元代玉雁為細長頸，大頭，小圓環形眼；有的為展翅，翅上以細長的陰線表示羽，有的攏翅於身，翅的前端雕網格紋，中端與後端各有一組細長的陰線羽。元代的玉魚同宋代的類似，但頭部、尾部都較長，腮部雕得較複雜。一般來看，魚身以網格紋示鱗，背鰭端部似鋸齒，鰭上有「‖」形陰刻線。宋元時期流行一種獨角異獸，這種異獸傳世品中很多，西安北郊六村堡也有出土，獸為大頭，小身，短足，自肩向背部有雲形翅，翅前端細小，後端大而呈三歧。

4‧帶有荷葉、牡丹、雲、龍、螭紋的玉器／元代玉器中有一些小的玉佩和玉嵌件，上面分別飾有荷葉、水草、牡丹、雲、龍、螭紋等紋飾，這些紋飾的時代特徵非常明顯，識別這些紋飾對識別玉器的製造年代是非常有益的。玉器上的荷葉紋有以下三個特點：第一個為圓形，兩側內捲，直線傘骨式葉脈，葉脈端部分叉；第二個為橢圓形，四角向內有四個凹陷，荷葉外緣近似於四瓣；第三個為側面形，荷葉呈合攏式，似白菜頭。牡丹花的花瓣層數少，瓣形窄而長，略彎曲，一些花瓣上有細長的陰刻線。雲紋主要為靈芝式雲朵，外形似兩個相連的圓環，相連處略凹。另外，還有三歧形雲朵，這種雲朵同宋代雲紋近似，雲的頭部似「品」字，後面有一條小尾。龍紋為細長眼，上唇長而上挑，長髮後飄，龍身細長，長尾，背部有脊鰭，肩部常有火焰狀紋飾，有的龍身為網格鱗，多數為素身，龍爪為三或四趾，爪背有橫節紋。螭紋為長頸，有的頸後有長髮，細長身，尖形或方形頭，五官簡練，集中於頭前部，人字形肩，肩部有火焰紋，螭身有脊線，脊線兩側為「‖」字形飾紋。四肢細長，肘及臀部有陰刻旋狀紋。

七、明清時期玉器

明代玉器可以分出早期和中晚期作品，早期作品目前在山東地區、南京地區和北京故

宮博物院都有發現，但數量較少。

山東地區發現的明早期玉器，以魯王朱檀墓出土玉器為代表，主要品種及特點如下：

1‧圭／二件，較大，長度在25至30公分之間，較寬，用玉較好，一件為白玉，一件為墨玉。器上無紋飾，表面似有玻璃光，無沁色。有一些小麻坑，是製造時留下的痕跡，沒有完全磨去。

2‧帶板／用好白玉製成，鏤雕花卉紋，背面包金，鏤雕採取直接透空的方法，無錦紋地。

3‧硯／青玉琢成，長方形，片狀，一端呈圓弧狀。硯池較小，橢圓形，位於一端。

4‧水晶雕鹿／二個，一個昂首臥伏為鎮紙；一個回首臥狀背部有圓槽，為硯壺。

5‧雕花白玉杯／五瓣花形，以枝葉構成杯柄及座，雕琢精緻，生動。

故宮博物院收藏的明早期玉器，以白玉透雕雲龍紋帶板為代表。帶板為一套，雕龍紋，龍旁有雲，身下為海水江崖。

從以上所列的明初玉器看，明初玉器在造型和琢製上受宋、元玉器風格的影響，造型厚重、簡練，雕琢圓潤，注意細部處理，與明中晚期玉器風格略有區別。

明代中晚期玉器在江西、上海、南京、北京等地考古發掘中都有發現，故宮博物院又藏有大量明宮遺玉，通過對這些玉器的考察，我們瞭解到明代中晚期玉器的基本情況。

使用的玉禮器有圭、璧、琮等，目前，圭、璧發現較多，琮尚未確定。

1‧圭／有山紋圭、弦紋圭、三星紋圭、穀紋圭和仿商代玉圭。山紋玉圭發現於定陵，圭表面飾陰線琢出的四座山，陰線中飲金，是史書中所記載的明代鎮圭，有安定四方之意；弦紋圭亦發現於定陵，圭的表面有兩道自上而下的凸起弦紋，用玉極好，加工技術高超，厚薄均勻，邊直角方，同尋常明代玉器不同；三星紋玉圭為故宮博物院藏品，上部雕三星，下部有海水江崖，圖案為極淺的浮雕；穀紋圭為仿古製品，表面飾凸起的穀紋，穀粒圓而小，排列稀疏；仿商代玉圭為長條形，頂部無圭角，微向上隆，圭上有微凸的條紋，與商代條紋圭近似，上有人工染的仿古顏色。

2‧璧／明代的玉璧主要有雲紋璧、螭紋璧、乳丁紋璧。螭紋璧有多種形式，有的在璧孔兩側各雕一螭，兩螭呈追逐狀；有的把螭雕在璧的邊沿處，頭在一面，身在璧的另一面。宣德以前的明代螭形與元代螭近似，細脖，長髮，五官集中於臉前部。明中晚期的螭面部較複雜。乳丁紋璧的一面飾有乳丁紋，乳丁較大，排列較密，似用管形鑽鑽出後再減地，乳丁周圍往往留有鑽痕。雲紋璧的表面雕有仿古勾雲紋，這種璧較少見。

常見的仿古器皿有玉簋、玉壺、玉匜、角形玉杯及玉觚。

3‧簋／有時用來插香，往往統稱為玉爐，胎體厚重，局部雕琢粗糙。以圓形爐身、

矮圈足者最常見。爐兩側有變形夔式耳，上下口沿多飾回紋，回紋較粗大，不細密，折角處似斷。爐為束頸，頸部兩面往往各有一個小獸面紋。腹部亦飾獸面紋，或稱饕餮紋，獸面之眼較大，似紡錘形，中部為大環形眼，外眼角高，內眼角低，雲狀眉，五官緊湊，頰部有極少的裝飾。

4・壺 / 似瓶，腹部較粗寬，飾獸面紋，頸稍細，頸兩側有耳，直口，橢圓形圈足，足外往往飾凸起的弦紋。

5・匜 / 近似於長方形，一端有柄，另一端向前斜伸。匜之上部為口，口上或有蓋，口近似於Ｓ形，下部有一個很矮的方形足，玉匜之上往往飾有仿古紋飾。除仿古匜外，明代還有一些光素無蓋的小匜式杯。

6・角形玉杯 / 形似角，上粗下細，截面為橢圓形，底部向外有一捲尾式柄。杯口之下的紋飾分為幾個部分，分別為捲草紋、仿古勾雲紋或回紋錦地。杯腹下部雕一仰形龍頭，龍首直接接尾，無龍身，龍尾似魚尾，上捲於柄。有的杯腹或腹的前端還浮雕一螭。

7・玉觚 / 以方觚為多，個別為圓腹觚。明代的案頭陳設品中往往有方觚和香爐。明代方觚一般可分為上、中、下三部分，上部為細頸，大撇口，口沿飾回紋一周，回紋斷續而不連接，觚頸飾蕉葉紋或蟬紋。中部觚腹為立方體，四面向外凸，每面各有一組獸面紋。下部為高足，與上部對應，其上飾蕉葉紋和變形蟬紋。此外，觚的四角和中部各有一排自上而下的凸榫，稱為「出戟」，榫上有陰刻的Ｘ形圖案。

玉製實用器物主要有碗、盤、杯、壺等。

8・玉碗 / 胎體較厚。主要為圓形，口較高，外壁分別飾有龍紋、魚紋、花卉紋、山水人物紋等。宣德前的作品，圖案略有凸起，為大花、大葉的花卉紋，結構簡練。明中晚期的作品，圖案多為陰刻的線圖。

9・玉盤 / 主要是杯盤。長方形，四角向內凹，盤中間有圓形杯座，杯座四周雕螭紋、龍紋等紋飾。

10・執壺 / 有柄的壺稱為執壺，一般為茶壺或酒壺。明代的執壺分高、矮兩種，矮壺或方或圓，壺外淺浮雕花卉或人物圖案，也有的用剔地凸雕雕出圖案。剔地凸雕即圖案整體為一個較平的平面，平面上再用細陰線琢出圖案細部。高執壺多數為上部窄、下部寬的扁腹壺，個別的執壺上部比下部寬。壺腹或琢「壽」字，或淺浮雕人物圖案，其中以八仙圖案最常見。執壺的壺鈕，多為圓雕的人或獸。另外，還有蓮瓣壺，即在壺外雕一週立體的蓮瓣。

11・玉杯 / 種類很多，有鏤雕杯、乳丁杯、八方杯、菱花杯、花果式杯、斗式杯等多種。鏤雕杯的杯身為花式或直口矮杯，杯外帶有大體積的鏤雕裝飾，多為花葉、花枝，還

有松樹人物等。鏤雕的部分很大，有時要大於杯身；乳丁杯為直口矮杯，雙夔耳或單柄，杯外雕近百個凸起的乳丁紋；八方杯近於方形，四角切成平面，呈八方形，一般為直口，夔式耳；菱花杯的杯口近似於菱花的花瓣，菱瓣的大小一致，尺寸規矩準確，杯外有較強的玻璃光澤，杯兩側有夔式耳；花果杯是把杯製成花形或果形，一側以枝為杯柄，最常見的是葵花杯和石榴杯；斗式杯的杯形似斗，上寬下窄，杯外或為山水圖案，或為仿古圖案，或光素無紋，有的斗式杯的一側有柄。

　　玉文具品種和數量都很多，主要品種有硯滴、水丞、鎮紙、硯、筆桿、印盒、筆架等。

　　12・硯滴與水丞／都是用來貯水的。一般來說硯滴的蓋上有空心的柱，將蓋提起時，柱中水隨蓋提出；水丞中的水需用小勺舀出。但故宮博物院收藏的一件有柱作品，底部篆有「水中丞」三字。可見二者之間的區別在明代某些時候可能不甚明顯。

　　明代的玉硯滴有臥鳳形、八卦形、臥獸形等，以臥獸形最常見。這種臥獸硯滴有較統一的樣式，獸頭近似於扁方形，眉、眼、鼻皆位於上平面。直鼻。眼球用管鑽鑽出，或呈水滴形，水滴上有陰刻橢圓圈。耳或為直耳，或為垂茸耳，或為向外旋捲形的捲耳。獸的四肢短粗，足尖三爪或五爪。背部有一道長脊，脊兩側有刺狀對生的毛。脊上有孔，孔上有蓋，獸腹空，可貯水。

　　13・玉硯／明代的玉硯較薄，硯形以長方形為多，一端有一凹下的墨池。

　　14・玉筆／以青玉製成者多，較粗，直柱式桿、帽，筆桿和筆帽上或有淺浮雕的螭紋。

　　15・玉筆架／以山形為多，三峰或數峰，也有製成動物形狀的。

　　16・玉盒／有方形、圓形或其他形狀。紋飾有山水、花果、雲螭等，圖案一般為極淺的浮雕，以片狀組成。山水圖案近似於文人畫，意境深遠，有些還配有行草詩句，詩句內容與圖案相宜。

　　總之，明代中晚期玉器出現了多樣化的趨勢，品種多樣，圖案結構簡練，加工注重大效果，除少數作品外，多數作品不注重細部雕琢。

　　目前最常見的古代玉器是清代玉器，清代玉器數量之多，超過了以前的任何時代。這種局面的出現，同清代經濟的發展有關，也同統治階級的提倡有關。

　　清代玉器的發展可大致劃分為三個階段：清初至乾隆初年，乾隆初年至嘉慶，嘉慶後期至清末。

　　博物館及私人手中收藏的清朝初年製造的玉器數量不大，往往同明代或清中期玉器相混淆，很難區別。這一時期的典型作品有故宮博物院收藏的清朝初年使用的玉冊，但樣式

簡單，製造特點和藝術特點很不明顯。康熙時期，社會安定，經濟發展，私人收藏玉器之風再行，玉器的生產製造走上了正軌，玉器的品種和數量較前一階段有了發展，但所製玉器不落款識，這就給確定康熙朝玉器的標準器帶來了困難。目前，我們確定的康熙朝玉器的典型器物有下列幾種：

1．1962年北京師範大學工地施工中發現一座清代墓葬，墓葬出土玉器中有雞心佩兩件，一為白玉，一為青玉，佩上浮雕雲紋。類似造型、紋飾的雞心佩在故宮博物院收藏的清宮遺玉中也曾發現。由此而知，這是一種在當時宮廷中較為流行的玉器。

2．故宮博物院收藏的一方帶有「康熙年製」款的松花石小硯，附有白玉硯盒，盒上琢有凸雕的「子昂」款題詩並夔紋。經鑒別，硯盒與硯為同時製造，因為無此盒則硯過小、過薄不成器，無此硯，盒之上、下蓋不能合口。另外，故宮博物院還存有類似風格的琢有「子昂」款題詩的作品。

3．故宮博物院收藏的康熙朝製造的玉冊。

雍正時期的玉器製造較康熙時期又有發展。雍正執政時間較短，僅十數載，但這十數年間清宮的玉器收藏與製造卻有了一定的規模。清宮遺玉中帶有「雍正年製」款的玉器有數件，飲具、文具、佩玉均有，分為杯、洗、仿古環等幾個品種。

從目前確定的標準器來看，清初到雍正年間所製的玉器一般胎體較薄，圖案邊角渾圓；凸雕圖案以淺浮雕為主，較為平面化，凸雕圖案的地子不太平，似有微浪，表面光澤較亮。

乾隆時期玉器生產出現高潮，宮廷玉器成為玉器生產的主流。這一時期的宮廷玉器生產材料來源充分，生產力量集中，產量大，工藝水準高，作品的藝術特點也十分明顯。乾隆時期，製玉所用之材主要來自新疆，按常例由地方每年春秋兩次貢入宮廷，這就保證了一般性的宮廷用玉需要。另外，宮廷還派專員去新疆採辦玉材，以滿足對玉材的特殊需要。乾隆時期宮廷玉器所用玉材主要有碧玉、青玉、白玉，還有一定數量的黃玉和墨玉及少量的雲南翡翠。從現存作品上看，陳設品、器皿等類玉器的體積都較大，這是一般明代以前的玉器所不能比的，尤其是出現了重量達數千斤的玉甕、玉山等大型陳設品；小件玉佩、玉玩則玉色瑩潤，秀麗無瑕，明顯地表現出玉材供應的充足和材質的優良。

乾隆時期玉器的品種主要有下列幾類：

1．宮廷陳設類／屬大型陳設的有大玉山、大玉甕等，單件重量達數千斤。最著名的作品有大禹治水、秋山行旅、會昌九老、南山積翠等玉山；九龍甕、樂壽堂玉海、雙嬰觀魚玉海等。另外還有許多大型仿古玉瓶。外朝陳設有甪端、太平有象、香爐、香亭等。內廷陳設有各種玉瓶、花插、插屏、圓雕山子、奩盒、辟邪、麒麟、各色人獸、懸鐘、帶鎖

玉磬、斧鉞等。這些陳設品主要是擺放於案几之上、多寶格內或嵌掛於牆上，大型陳設品則配好座直接擺放室內。

2‧器皿／是較高檔的日用品，有各色玉杯、玉碗、盤、攢盤、執壺、香爐、爐瓶盒三事等。以玉杯的品種樣式為最多，有嬰耳杯、花耳杯、龍耳杯、荷葉杯、單柄杯、斗杯等，樣式、花紋變化多端，其中許多為仿古製品。

3‧文房用品、文玩／主要品種有玉杆筆、硯、硯滴、筆搋、筆架、鎮紙、墨床、筆筒、印色池、筆洗、象棋、圍棋、壓手等。其中以玉杆筆最為珍貴，因這種筆桿細且長，極易折斷，非好玉不能製成，又不易保存，所以製造的數量很少。筆洗、筆筒、印池、鎮紙等玉文具的樣式變化較多，紋飾、圖案也較複雜。

4‧佩飾、服飾／品種有仿古形佩、宜子孫佩、子辰佩、成組掛佩、月令花組佩、十二辰佩、蚩尤環、鹿盧環、方牌子、齋戒牌、搬指、玉鎖、翎管、花囊、香囊、雜佩、髮簪、扁方、手鐲、帶飾、手串、人獸小墜、花果小墜等。佩玉以白玉為多，也有少量的青玉、碧玉製品。

5‧仿古製品／主要有璧、琮、璜、圭、斧、仿古組圭、爵、角、花觚、方觚、簋、鼎、甗、豆、鈁、壺、碧玉大斧、仿古玉人、仿漢鳳鳥、仿漢臥羊、鳩杖首等。仿古作品一般都不作舊，好的作品上鐫有「大清乾隆仿古」、「乾隆仿古」或類似的款識。

6‧除以上五類外，還有如意、煙壺、玉供、七珍、八寶、鈴杵、玉缽等，及大量的仿痕都斯坦玉器，宮廷冊、寶、印璽等。

玉雕紋飾的雕法有剔雕、陰刻，即紋飾低於玉器表面；淺浮雕，特點是起凸較低，紋飾的表面在一個平面上；高浮雕，紋飾凸起較高，又分為不同的幾個高度，分別在二個或多個平面上，使玉器圖案有較強的層次感和立體感。在加工上非常重視線條、稜角的處理，追求線直角方，圓弧不離法度，地子平而無波，圖案邊稜鋒利，山石邊角、人物衣褶不圓潤，為稜鋒狀，似為刃。玉器的光澤以蠟樣光澤為主，依古人「白若截肪」之說，蠟光之下蘊有玻璃光澤，因而這時的玻璃光製品不像明代作品那樣「賊亮」，而帶有蘊色，很易識別。

清晚期，宮廷玉器生產衰落，民間玉器較為發展，作品以佩墜、日常用小玉件及仿古作舊的假古玉為多，有少量的鏤雕器皿，一些作品的風格同現代較接近。

附錄二　玉器的顏色變化及染色作舊 ｜張廣文

　　玉器製成後，隨著時間的推移產生新舊變化，這種變化表現在玉表層的光澤和顏色。最重要的顏色變化有沁色、盤色和染色。沁色是埋於土中的玉，受土壤中水分及化學成分的侵蝕而產生的顏色變化；盤色是佩戴過程中的玉，由於衣物和人體盤磨及空氣氧化而產生的顏色變化；染色是人們出於某種目的，在玉器製成後進行的顏色處理。

　　玉的沁色是表明玉器製造時代長短的重要特徵，歷代的玉器研究者對此進行了大量的探索，形成了各種不同的稱謂及識別方法，主要目的是力圖從沁色來判斷古玉的真偽和時代的長短。玉染色一是為了提高玉的美感和價值，一是為了仿古作舊，主要是仿製古玉的沁色。

一、宋元時期人們對於古玉沁色的認識及人工染色

　　從現知文獻中還很難全面瞭解唐代人對玉器沁色的認識及染色的情況。但材料表明，宋元時期，人們已非常重視古玉的顏色，這一點在元人朱德潤所著的《古玉圖》中已有明確的反映。在《古玉圖》中，記錄了多種玉器的顏色，經分析，大致為下列幾種：

　　1・玉上的土沁。指南車飾圖，繪一馬頭，上立一小人，右臂指於前，附圖說：「琢玉為人形，手常指南，足底通圓竅，作施轉軸」，「延祐中獲觀于姚牧奄承旨處。玉色微黃，赤紺，古色包轉間，亦有土花齙飾處。」[1] 由此可知玉人微呈黃色，其上有腐蝕後產生的色變，圖說中對色變的具體色相講述得較含糊，稱之為「土花齙飾」，認為是土中埋藏所致，同後人所講的土沁相仿。

　　2・玉上的紅色沁。黃玉鹿盧環圖，繪雙連方形環，附圖說述其：「色如蒸栗，古色如紅棗」[2]。「色如蒸栗」是講玉質之色，也就是玉之符。漢代人提出「玉之符」，黃玉以「色如蒸栗」為標準，宋人沿用了這一標準，這一標準對後世品玉也產生了很大的影響。「古色如紅棗」則是講玉的顏色變化，目前考古發現的玉器中，很難見到古色如紅棗的，因而這件玉環上的顏色，可能是人工染色。

　　3・玉器上的水銀沁。玉辟邪圖，繪臥式辟邪，圖說：「色微白而紅，古斑斕間有水銀色處，傳是太康墓中物，陝右耕夫鋤得之，延祐中趙子昂承旨購得之，以為書鎮。」[3] 所繪辟邪，頭大而披髮，為漢代之後的作品，圖說中提到水銀色，我們現在尚不知確切的顏色，推斷這一提法可能同其後所言水銀沁相仿。

　　4・玉上的紅色古色。玄玉驄圖，繪一人一馬相連，圖說其馬「玉色微青，古色紅粉，斑斕如桃花」，「斑斕」指斑片狀。臥蠶璏圖說「玉色蒼黃而古色紅潤」[4]，所謂

「古色」應不是玉質本色，而是在流傳過程中附上的舊色。

5．玉器上的黑色古色。見三螭蹕琫圖⁽⁵⁾，繪獸面紋鋪首、劍格各一具，圖說「蹕，玉色白而古斑黑。琫，玉色微青而古斑紅黑」。對於玉器上後產生的黑色，現今的一些鑒定者認為即是古人所講的水銀沁。

6．暈紅。見於暈紅玉瓏圖⁽⁶⁾，所謂「暈紅」似為古玉表面產生了一層較均勻的紅色，不露原有玉色，所謂紅，可能是紅褐之色。

《古玉圖》所講到的古玉顏色計有上述幾種，除玉本身的質地所具顏色之外，屬玉製成後產生的顏色有土花、水銀色、暈色、古色如紅棗、古色紅粉、古斑紅黑等，其中以紅色與黑色為多，紅色又分為重色和淡色，重色為暗紅色（紅褐色）與紅粉色，我們不易斷定「紅粉」是何種用途的紅色粉末，但其色應更接近紅色。

《古玉圖》所繪器物多為漢代之後的作品，其中一些的製造年代不會早於唐代，極似宋代作品。從目前考古發現的唐、宋玉器來看沁色並不重，且元代離宋代不遠，所錄玉器中一些作品的古色，應是人工所染。《古玉圖》對玉器進行的說明給了我們提示：首先，宋元時期，人們已進行了古玉顏色的研究；其次，宋元時期已出現了人工染色的玉器，其中有些作品上的人工染色被誤認為是舊玉上的古色。

二、明代鑒玉家對古玉沁色的認識及人工染色

宋、元時期，對古玉顏色的研究、識別、仿製已經開始，明代則進一步發展。從《古玉圖》中能看出元代人收藏舊玉的情況，明代社會的經濟條件更加寬裕，古物收藏更加廣泛，古玉的收藏佔有重要位置。如何鑒別收藏古玉的年代及真偽，如何說明古玉器的稱謂及用途，是擺在收藏者面前的現實問題。同時，古玉作偽、古玉識別及古玉市場也隨著收藏的發展而發展。明初洪武時期，曹昭根據自己收藏古物的經驗，寫了一本指導人們進行古物收藏與識別的《格古要論》，書的內容廣泛，涉及到了書畫、版本、器物、用具等多方面知識，其中有關玉器的內容佔有相當篇幅。玉材的檔次、玉器的名稱、用法都有談及，同時也講到了古玉的沁色，主要是關於血沁及土沁方面的內容。「有紅如血者謂之血玉，古人又謂之屍古，最佳」⁽⁷⁾。也就是說曾經入葬，受到屍血侵蝕而產生顏色變化的古玉中，「紅如血」者最佳。但「紅如血」是不確切的概念，血在剛淌出時呈大紅色，其所含鐵質在空氣中氧化後，變為暗紅色，日久又呈鐵褐色。現在看到的帶有顏色變化的玉器中，玉上的紅色、暗紅色皆為後染色，而出土玉器中帶有褐色沁色的器物很多，《格古要論》所謂的「血玉」、「屍玉」可能和這種鐵鏽沁有關係，而且帶有這種沁色的舊玉歷

來都是十分珍貴的。

《格古要論》曰：「見菜玉連環上儼然黃土一重，並洗不去，此土古也。」[8] 所謂「菜玉」是指「非青非綠如菜葉」的玉，上面的顏色如黃土，有一定厚度，洗不掉。與此相近的玉色，常見到的有三種：一種是埋玉器於土中產生的色變，即所謂的「土古」；第二種是一些玉璞表面帶有黃褐色玉皮，所謂「邊皮糙玉」，在製造玉器時，有意將硬皮保留下來冒充古舊玉色；第三種是人工著色。另外，《格古要論》中還提到了「黑漆古」、「渠古」、「甄古」等，也都是指舊玉上的顏色。

明人高濂《遵生八箋‧燕間清賞箋》，對古玉器有專門的記述，其中談到古玉器的沁色，「至若古玉，傳世者少，出土者多土鏽。屍浸，似難偽造，凡古玉上有血浸，色紅如血，有黑鏽如漆，做法典雅，摩弄圓滑，謂之『屍古』。如上蔽黃土，籠罩浮翳，堅不可破，謂之『土古』」[9]。還講到了銅沁，「舊見一玉，半裹青綠，此必墓中與銅器相雜，沾染銅色乃爾」。高濂所記，涉及到了明人關於血浸、屍古、土古、染銅色的看法。

明人屠龍《文房肆考‧文房器具箋》中也有關於玉器的土鏽、血浸、玳瑁斑的記述。「有三代玉方池，內外土鏽，血浸四裹，不知何用……」「有玉蟾蜍，其背斑點如灑墨，色同玳瑁無黃暈……」從以上情況可看出，明代人在收藏舊玉器時也很注意玉器上的顏色變化，尤其對於土鏽、血浸、屍古、銅色、黑漆古、甄古等色，有了較為固定的通行說法，這種情況的出現也就為玉器的仿古作舊創造了寬鬆的環境。

三、清代人對古玉沁色及人工染色的研究

清代，古玉的收藏之風更盛，收藏者不僅注意古玉的碾法、玉質、時代特點，對古玉的顏色也更加重視。

清前期人氏孔尚任在《享金簿》中談及古玉時說：「漢玉羌笛，色甘黃如柳花……為漢器無疑，全體光瑩，不沾汗漿，亦無土花。」[10] 此間提出了「汗漿」、「土花」之說，又有「雷紋漢玉環，徑二寸，肉好相等，包漿熟潤若凝酥也」[11]。這裡所言「汗漿」、「土花」、「包漿」是指玉沁色後又經盤磨，表皮所產生的顏色變化。前述《格古要論》所言「甄古」，時隔數百年，孔尚任在《享金簿》中細釋「甄古」：「劍璲……碧玉被毀者謂之甄古……遍體栗紋，縱橫有法。」[12] 就是說，甄古是似碧玉的玉，但還能看出原本的玉色，玉的表面有栗色紋理，分佈均勻。實際上，古玉經土埋而裂紋中浸入栗色是存在的，但裂紋不甚均勻，分佈均勻者多為仿製。將玉燒出紋理，染色後又經土埋，使原有燒痕受沁且形成舊色，這類色相，非甄古，實仿古也。

清中期，陳性著《玉紀》對古玉及沁色進行了更細緻的研究，將玉色分為「九色」、「十三彩」。「九色」是指玉本身之顏色，為玄、藍、青、綠、黃、赤、紫、黑、白九種，九種玉色又各有標準色相，分別為「玄如澄水」、「藍如靛末」、「青如鮮苔」、「綠如翠羽」、「黃如蒸栗」、「赤如丹砂」、「紫如凝血」、「黑如墨光」、「白如割肪」。「十三彩」是指玉的沁色，具體分類為：「受黃土沁者色黃，名曰坩黃」，「受靛青沁者其色藍，名曰甜青」，「受石灰沁者其色紅，名曰孩兒面」，「受水銀沁者其色黑，名曰純漆黑」，「受血沁者其色紅，名曰棗皮紅」，「受銅沁者其色綠，名曰鸚哥綠」，還有朱砂紅、雞血紅、粽毛紫、茄皮紫、松花綠、白果綠、秋葵黃、老西黃、魚肚白、糙米白、蝦子青、鼻涕青及雨過天青等玉色[13]。《玉紀》對古玉所以能受沁變色的條件進行了探索，以為同土壤中所含水銀的作用有關。後來的李鳳公在《玉紀正誤》中對此提出了不同看法。清代武進人氏劉心瑤寫了《玉紀補》，對《玉紀》所涉及的玉色、沁色、染色的問題做了補充，他把玉色上的差別分得更細：「紅有寶石紅、雞血紅、朱砂紅、櫻桃紅、灑金紅、膏藥紅」，「綠有鸚哥綠、蔥綠、松花綠、白果綠」，此外還對黃、白、青、紫、黑等玉色也槁行了細緻的分類[14]。

　　許多清代學者進行了玉器染色方法的研究，玉器染色作為傳統工藝有悠久的歷史，成書於戰國時期的《山海經》記述了「血玉」的某些方法，其注認為血玉可能是指染玉，可見其年代的久遠。陝西鹹陽地區出土的一組漢代玉獸，包括鷹、熊、辟邪等，一些作品上帶有黃褐色，這些顏色中可能有人工染色，最初的染玉，目的是為了使玉器增加美感，後來發展為玉器作舊、仿古的一項工藝。染玉工藝最初作為一種技術在工匠中流傳，隨著古玉收藏和鑒定的興起，人們對玉器製造中的染玉作舊逐步重視，把它作為鑒定古玉的一個部分來研究。目前，清代文獻如《玉紀》、《玉紀補》、《古玉辨》等都有所記述。

　　《玉紀》記有染色作偽之法三種：老提油、新提油、灰提法。老提油之法為：「宋宣和政和間，玉賈贗造，將新玉琢成器皿，以虹光草汁罨之，其色深透，紅似雞血色，時人謂之得古法。賞鑒家偶失於辨，或因之獲重價焉，此等今世頗少，識家呼為老提油者是也。」[15]從這裏可知，老提油是染成紅色的玉器，這同前面所言宋代染紅色玉是一致的。新提油之法為：「比來玉工每以極壞夾石之玉染造，欲紅則入紅木屑中火煨之，其石性處即紅。欲黑則入烏木屑中煨之，其石性處即黑，謂之新提油。」[16]即是說用帶有石性的次玉造假，尤其是玉中夾石處著色，將其作為人工染色的重點部位。灰提法染色的做法為：「用栗炭、木賊草泡水入銀硝少許合裝大瓦罐內，將玉懸空掛於其中，用栗炭火煮之，水淺隨添，以提出玉中水銀灰土為度。」此法亦應為水煮之法。

　　《玉紀補》沿著《玉紀》的思路進一步探索，瞭解了更多的玉器染舊色的方法，主要

有「羊玉」、「狗玉」、「梅玉」、「風玉」、「鐵屑拌」、「提油法」等。按照《玉紀》、《玉紀補》所記述的玉器的作偽之法，在現存的傳世清代玉器中僅能找到個別作品，如染黑、染紅、水煮等，而「羊玉」、「狗玉」、「梅玉」、「風玉」等方法所染出的作品，由於檢測方法的不足，尚不能準確地確定其典型作品。

四、染玉作舊工藝對玉材的選擇

選擇玉材是玉器仿古作舊的重要環節，許多仿古玉製造者在製造作品前，都有對玉材進行認真的選擇。選擇的標準很多，主要有下面兩條：一是材料的色澤接近於舊玉作品，用這種材料製造的作品略經處理便會產生古玉的某些特徵；二是易於染舊色的材料，某些玉是很難進行染色處理的，染玉者往往主動避開這些材料。

在染玉作舊進行玉材選擇時有如下幾種情況：

1・選用同古代玉材相近的材料製造古玉

玉材同某些建築用彩石在色彩分佈上有所不同，一些建築材料中的彩石，同一礦床的色澤、質地都非常一致，可以採到較大量的同色澤材料。而玉材則不然，同一時期、相近地點開來的玉礦，色彩可能出現較大的差別，這就產生了一種現象，不同時代製造的玉器，在玉材的選用上存在著很大差別，即使同種礦物質，也存在著色澤上的不同。不同時代的玉器中，材料色澤上相同的作品很少，因而在製造仿古玉時，首先要注意的是選擇同古玉所用材料色澤、質感相近的材料。

2・選用舊玉料做仿古玉

玉料為礦物質材料，難言其新舊，用舊玉是講過去開成料的玉，或在玉色、沁色方面接近於古玉的玉。舊玉的來源有造型較大、加工不精的舊玉器，如古代的素面琮、璧、斧或其他器物。另外還有古代遺留下的玉材。《玉紀補》記有「角頭古玉」，「秦之玉作在陝西之萬村，吳之玉作在浙江之安溪，所遺玉角甚多，萬村之玉堅潔，安溪之玉紅鬆，琢為玉件，謂之角頭古玉，玉質雖舊古而器則新也，亦能盤出色漿」[17]。這裡所講即選擇古玉作坊中遺留的舊料或料頭，這些舊料的材質，同某些古玉器的材質在色澤、感官上是一致的，經年久風化，舊玉的感覺就更明顯，做出器物再盤出「色漿」是很好的仿古玉器。

3・用舊玉器改製

舊料畢竟非常難找，為瞭解決仿古玉的材料問題，仿古者往往用舊玉器加以改造。在仿古玉作品中，常能出現用舊玉改製而成的作品，這類作品有兩種情況：一種是對舊

器局部進行修改，保留部分舊器的紋樣或器形，這種情況較常見；另一種情況是用舊玉的料改製成新的作品。出現這些現象的原因，不僅出於仿古玉的需要，還在於大量古玉流傳於世，年長日久，作品的損壞是必然的，對損壞的器物進行改刀，在玉器中較其他類器物更為普遍。另外，還有一些玉器，玉材很好但原來的加工粗糙，這樣的作品也被用以改造。在清代宮廷造玉中，我們能看到很多作品是用舊玉器改製的。宮廷檔案中有大量將玉器收拾、改做的記載，很多屬新石器時代或商、周時期的玉斧、璧，原本無飾紋，在清代被加琢了裝飾紋樣，宮廷內務府檔案中，多有皇帝傳旨，對地方入宮內的玉器不滿意，著宮廷玉匠加以改造的記錄。乾隆皇帝的御製文集中，也收錄有乾隆為修改舊玉而撰寫的文章。舊玉改製在仿古玉製造中是佔有一定數量，只是見於文獻記錄者甚少。

4.皮糙玉的選用

對質地堅密的玉材進行作舊染色是很困難的，在加工仿古玉時，往往選用邊皮料做材料。所謂邊皮料即是在玉材的表皮或邊部風化了的玉料，風化部位失去了原有的硬度、光澤，如石膏，如朽木，用金屬工具便可刻動，這種情況同古玉器有類似之處。一些古玉埋藏年久，受土壤中某些化學物質的侵蝕，質地往往發生變化，器物的局部或外層全部失去光澤，硬度降低，顏色也發生變化。利用邊皮料料製造的仿古玉器，就是效仿古玉器的這些變化特點，而這種作舊之法是清代以來，製玉行業中大量採用的。

5.仿水銀沁的製造與識別

前面已經證明，古人所謂水銀沁是指玉上的黑色沁斑，但情況往往不這樣單一。在很多玉材中，也帶有局部的黑色質料，這是由於玉材中帶有的微量石墨所致，主要有三種情況：一種玉中的黑色斑點，色不算太黑，星星點點，有的也較密集，透過玉表可看到，人們稱其為黑芝麻斑。這種玉材的使用年代很久，漢代玉器，宋、元玉器，明、清玉器，現代玉器中都有出現。第二種是局部帶有淺黑色的玉，所含黑色面積較大，邊部同其他色玉相混雜，這種玉常被稱為墨玉，主要見於清代玉器。第三種是局部玉色純黑，若黑漆面積不大，為玉中的黑色斑塊。玉器上的黑色還可以用火燒出，用火烤使玉材變色是玉器作偽的常見方法，可燒出黑色、灰色、白色等不同之色。晚清時期，宮廷內失火，重華宮藏玉多被火燒，清宮遺玉中不乏燒毀之玉，其色分為白、灰、黑等色，白者光澤暗而有裂紋，黑者之中不乏似焦油而表面光亮者，有些玉件白色近半接連黑色半件。

除玉材及火燒之外，玉器上的黑色沁也是有的，它與玉材中所帶的黑色斑塊非常相似，呈較深的黑色，深入玉理，表面光亮，很難確定。有學者懷疑黑色沁色是後來存在，這一點只有對古玉進行考察後才能斷定。

帶有黑色斑塊的古玉器很多，考古發現的典型作品有四件：（1）紅山文化獸首三環

器，青玉質，中部三連環，兩側各有一個向外的獸首，器上有綹裂，裂縫及其邊沿有黑色（《中國玉器全集・1》圖1）。（2）河南偃師二里頭遺址出土玉龜。龜為白玉製，局部帶有黑色，從黑色的分佈來看，屬玉材中原本含有的顏色，加工時，依玉料顏色進行了設計。把帶色玉質進行巧妙地利用，現代製玉業稱之為俏色。（3）陝西省咸陽出土的玉牛。青玉製，身上帶有成片的黑色，色深黑，表皮較光亮。（4）東北地區出土的金代玉人，作品主體為青玉，呈行走狀童子，身體局部為黑色，深淺變化較大。

除以上作品外，考古發掘到的玉器中還有一些帶有黑色色斑的玉器，經分析可看出，一些作品上的黑斑，並非原玉材所帶，而是埋於土中形成。傳世古玉中，也有為數眾多的帶有黑色斑跡的玉器，見於圖錄的典型作品很多，下列數件為故宮博物院藏之：（1）唐代玉人。直立，肥衣大袖，大頭。青玉，身有黑斑數片，局部裂縫中亦沁入黑色，可見墨斑並非玉質所帶。（2）宋代玉魚。高11.3公分，長20.6公分。團身短尾，口銜蓮花，整體為一玉籽，雕琢簡單，僅對玉材表面進行了加工，保留有玉籽的橢圓形狀。青玉，色質似瓷，表面多處黑斑，尚有一些黃斑蓋於黑斑之上，應是玉製成後再次著色，或為沁色，或為染色。魚為鱖魚，魚尾與魚身之間有一道溝槽，槽形隨黑斑走勢而行。由此而知，黑色為玉材原有之色。（3）明代玉斗杯。斗形，上口略寬，四壁之外淺浮雕詩句、圖案，一壁為虯松，一壁為松陰策杖圖，另兩壁琢詩。造型、圖案、琢法皆明代風格。杯上多處黑斑，色深重直透玉理，自杯壁外側透以內側，黑斑上有人工打擊出的凹坑，杯底有乾隆題詩，由此推測玉杯的製造年代在明中期到清代中期之間。杯上的黑斑絕非沁色，而是玉材本身所帶。

上列考古發現及傳世的七件帶有黑色色斑的玉器，它們的色斑有下列幾種情況：（1）玉器上的黑斑為玉材所帶，出現於成器之前；（2）玉埋於土中產生色變，黑斑為埋藏時受沁所致；（3）透明度較高的玉所含黑斑往往呈灰黑色，深黑色墨斑往往出現在玉質透明度低、可磨出瓷性光澤的玉件上。

玉器上的黑斑、水銀沁是兩種不同的成因，對這兩類顏色的研究一直是鑒定家關注的重點，也是仿古玉製造者關注的重點。仿製黑色玉在明清兩代尤為盛行，仿製的方法很多，以下兩種方法應引起我們的注意：第一種為前面已介紹過的火燒法，其法簡單實用，但須有經驗者掌握火候；第二種為漆染，或曰染漆色，漢代劉向在提到玉之符時認為黑如純漆為黑色玉的標準，為玉之符。這一標準對後人有很大的影響，在談到仿古玉時，文獻中多次提到了「黑漆古」類仿古作品。何為黑漆古，讀者往往不得要領。一般來講認為是黑似純漆的仿古玉器。故宮博物院藏有幾件古玉器，表面皆亮如黑漆，觀者往往疑為墨玉，但玉器館中陳列的一件新石器時代晚期的獸面紋圭，表面黑亮，從其殘斷部分的斷

口處可看出為青玉，只是表面罩了一層薄漆，作品的圖案及加工方式皆古樸，不似新做。《尚書》有「禹錫玄圭」之說，可能明清某階段，黑玉圭暴價，人們把青玉作品改染成墨玉以謀利。這件玉圭表面堅硬，並不能用刀刮下有機物碎屑，色染至玉黑，不似表面染有一層黑色漆類物質，這類染黑色應為黑漆古之做法。

區別真偽水銀沁的方法，古人有「水銀沁之真者，黑白分界處明晰如刀截，若提油、用烏木屑煨黑者則模糊矣」。但實際上，黑白分界處明晰者，應為玉材所帶玉色，鑑識者應認真對待。

6‧對鐵鏽沁的考察

鐵鏽沁是重要的玉器沁色，它是在玉器埋藏時由葬中含鐵物質與玉器產生作用而引起的。由於人血中含有鐵的成分，因而屍體也可能引起玉器上的鐵鏽沁，古文獻中沒有鐵鏽沁的稱謂，可能是將類似的沁色稱為血沁或紅色沁。

從道理上講，鐵鏽沁是鐵鏽作用的結果，它必然出現於鐵器流行之後。目前來看，屍血的作用是微乎其微的。新石器時期及商代，沒有鐵器的使用，因而也不存在帶有鐵鏽沁的玉器。對考古發掘到的新石器時代玉器進行考察，大量使用玉器的紅山文化、良渚文化中，已發現的玉器上還未見帶有鐵鏽色。已發現的龍山文化、石家河文化、薛家崗文化、石峽文化的玉器上，也未見有鐵鏽沁。考古發現的商代玉器上，同樣未曾發現鐵鏽沁。帶有鐵鏽沁的玉器多發現於戰國之後的墓葬中，且數量很少。

但是，在一些傳世的新石器時期或商代的玉器上卻帶有類似鐵鏽色的色斑，如《古玉精粹》圖11所錄商代玉鳥，器物表面帶有斑斑點點的褐色斑點，這種斑點又被人們稱為灑金沁，它同鐵鏽沁的顏色是相同的。故宮博物院藏有數件宮廷收藏的良渚文化玉琮，一些玉琮上帶有乾隆題詩，說明這些作品是清宮收藏的重器，其中一些玉琮上帶有較重的赤褐色，這種顏色同考古發掘品的沁色完全不同，說明它是一種人為的、非自然埋藏所產生的玉顏色。

通過對宮廷遺玉及傳世舊玉的觀察可以看出，染製類似於鐵鏽或土沁的黃褐色是清代最流行的染玉方法，它不僅用於玉器的仿古作品，就是一些很明確的古玉器，也被再次染色。據古玩界老先生口傳，帶有黃褐色色斑的白玉小器，在清代是搶手貨，被稱為「金裹銀」，在古玩市場上價格異常昂貴。

古文獻中記述了多種仿製類似鐵鏽沁及土沁的黃褐色玉器色斑的方法，其中效果最好，最受藏者珍貴的應屬琥珀燙。這種方法以琥珀作為主要增色劑，加以高溫處理，使玉器表面產生深淺不同的黃紅色色斑。最早的記述見於乾隆撰寫的《玉杯記》，記述了玉工姚宗仁所述其祖用琥珀染玉之法：「乃取金剛鑽如鐘乳者，密施如蜂蠆，而以琥珀塗而漬

之，其於火也，勿烈勿熄，夜以繼日，必經年而後業成。」[18] 姚宗仁其祖大約為康熙時人，其法在康熙時流行，可能是乾隆的重視，琥珀燙玉法在乾隆朝更為流行。文學家紀昀在《閱微草堂筆記》中記一玉片「有紅斑四點，皆大如指頂，非血浸，非油煉，非琥珀燙」。又記一玉簪「上中純白，下半瑩澈如琥珀……余終疑為藥煉也」[19] 作品雖非琥珀燙，但也反映出此法之受世人重視。識別玉器染色時，人們要考慮其玉色是否為琥珀燙所致。清晚期文人徐壽基在其《玉譜類編》中又述琥珀燙之法：是有名為琥珀燙，則用車輪旋轉之法，使玉與琥珀相擦，如火熱，琥珀之液自流入玉理。」[20] 其法同乾隆所記大不相同，不需長時，為速成之法，可知琥珀燙之法在清代使用時間之長及方法的多樣。

在清宮遺存的帶有乾隆《玉杯記》題記的數件玉器上，能看到三種不同的琥珀燙染色：一為玉表面呈斑駁的琥珀色斑片；二為玉表面製出成片小坑，燙入琥珀色；三為玉器上燙上成片的黃褐色色片，面積較大，色層較厚。

除琥珀燙之外，見於清代文獻的鐵鏽色製造法還有煮鐵屑，《玉譜類編》記述最詳，「用烏梅水與硝磺、鐵屑同煮，更兼久浸則成熾斑」。識別之法亦有：「以有土無土為斷，勿鏽工於盤醒後其色深黃，歷久不退，熱水泡後真出土者顏色泛白，如系鏽工則色轉黑而光亮。」[21]

7・白斑與水沁

一些玉器經埋藏出現了白色色斑，識玉者稱之為水沁，意即它的出現同土壤中含的水分有關。關於土壤中水分對埋玉的影響，清人劉心瑤在《玉紀補》中已有分析：「西土者，燥土也，南土者，濕土也，燥土之斑乾結，濕土之斑潤溽，乾結者色易鮮明，潤溽者色終黑淡……無土斑而有淤痕者，水坑物也。」[22] 由此而知，清代人已經注意到了水沁的問題。

按照劉心瑤的解釋，水坑玉的沁色應是無土而有淤痕的玉器，所謂土斑包括了黑、綠、黃、褐、紅等在土中形成的沁色，水沁僅限於白色或灰色。從考古發掘到的玉器來看，白色或灰色沁的情況非常複雜。在山東、河北，東北等地區出土的玉器上，有少量的白色沁斑，遼寧省建平出土的一件屬紅山文化的獸頭玉玦，表面已全部呈暗灰色，不見玉材本色。形成的原因是沁色還是製造時進行了人工處理，目前還不能進行更深入的分析。河南地區新石器時代的玉器，目前發現還很少，商代玉器已大量出土，其中一些玉器呈象牙黃，可能是玉料本身特點與沁色相結合的產物。還有一些玉器呈雞骨白色，玉的比重也已變輕，這種現像是埋藏所造成的。這類雞骨白的顏色在河南的春秋戰國玉器上很難出現。春秋戰國的一些玉器上出了浸潤性的水沁色變。江蘇、浙江、江西、廣東等南方省份出土的玉器中，有很多帶有水沁，這種沁色的面積較大，深淺程度不同，一些作品的局部

硬度已非常低。在這一地區出土的玉器上還有斑狀水沁，筆者在安徽見到的一些玉器上，看到有斑狀灰白色沁，沁色分佈較廣，斑片不大但沁入很深，與周圍的玉色形成較強的對比。

　　自然界的玉料中存有青白相混的玉材，故宮博物院樂壽堂記憶體有清代製造的福海大玉甕，玉材呈青碧色，雜有大量的灰白色，同一些古器物上的沁色相仿佛。玉甕內膛極大，所掏出的玉料數量也很大，但目前尚未發現相同玉料製造的器皿，推測掏出的玉料被用去製造仿古玉器了。因而利用玉料本身特點製造仿古水沁的可能是存在的。

　　人工仿造的玉器水沁大量存在，可用酸類液體浸泡、腐蝕，也可用火燒製。這兩種方法製成的顏色經觀察是可以辨別的。

註釋：
註1-17，20-22：均轉引自桑行之等《說玉》，上海科技教育出版社，1993年。
註18：故宮博物院：《古玉精萃》圖125，上海人民藝術出版社，1987年。
註19：（清）紀昀：《閱微草堂筆記》，天津古籍出版社，1994年。

附錄三　清代宮廷仿古玉器 張廣文

　　清宮所藏和所製玉器中，仿古玉器佔有相當數量，遠自新石器時代直至明代，各時期的玉器都曾被仿造。這種古玉的仿製，力圖體現出古代玉器的藝術風格和加工特點，其中很大一部分還進行過人工作舊處理，有些作品幾能亂真。研究、掌握清代仿古玉器的品種及製造特點，對於準確地鑒別古玉十分重要。同時，清代宮廷仿古玉器是特定歷史條件下的產物，它的產生、發展及自身的特點，也從一個側面反映了那個時代的經濟發展狀況及工藝品生產水準。此外，對於全面研究清代宮廷玉器的發展歷史，也是非常必要的。

一、宮廷仿古玉器的品種及其鑒定

（一）仿先商玉器

　　在清宮遺存的古代玉器中，有許多商代或商代之前的玉器，諸如良渚文化的琮、璧，龍山文化的玉，二里頭或廣漢三星堆文化的所謂牙璋等。其中許多玉器上刻有乾隆御製詩句。由此可以斷定，乾隆時期，商代以前的玉器已大量流入宮廷。對於這些玉器的確切時代，在清代尚不能準確判斷，只是籠統地冠以「三代」之稱。這一古玉群的存在，為清宮廷仿製古玉提供了現實的依據。清代仿先商玉器在造型、圖案、風格方面皆極似古物，只是在加工工藝上，失去了手工操作的笨拙之意而顯得精緻工細，有些經過作舊處理的作品酷似古物，幾欲亂真。下面將清宮仿先商古玉的重要作品略作介紹。

　　1．仿良渚文化玉琮。代表作品一件，高17.6公分，上部寬8公分，下部寬7.5公分，方柱體。完全仿照良渚文化玉琮規格，上寬下窄，在四角處浮雕變形獸面紋，上下共八組。圖案與良渚遺址所出玉琮相同，分為兩種類型：第一種獸面額頭凸起雙橫線，其下凸雕嘴，嘴上線細刻回紋；第二種無額線，僅有凸雕方形鼻、嘴，其旁雕眼。質料以青玉為之，表面有人工染赭色假沁，其沁如條絲狀，沁入琮之絡縫中，一部分沁色並集中成片，尤其是琮孔內壁上，沁色甚為厚重，這件琮與古器不同之處是玉質呈青綠色，為清代常用之玉料而非良渚古器所採用的透閃石，獸面之眼為大旋線，並用斜削之法雕成。另外，琮表面中部玉質極新，其上有蠟樣光澤，為清代玉器的拋光特點。用放大鏡觀察，上面解玉沙磨後留下的細密磨痕尚依稀可見，清晰如新，這種情況，只有在玉器製成後即妥為保藏方有可能，否則便會痕跡模糊。據上種種，可以鑒定此為清代宮廷仿古玉琮。

　　2．仿古蚩尤環。蚩尤環為圓形，環上淺浮雕四至五個近似人面的紋飾，元人朱德潤《古玉圖》定其名為蚩尤環，為黃帝平蚩尤後的興服用具，實為新石器時代良渚文化玉器。乾隆時期，古蚩尤環流入宮廷，但已被從中間剖開，變為兩個相套的薄環，兩環又於剖面製榫，可榫合，剖面上分別篆刻「惟王正月，日作寶環」，「介爾眉壽，永錫祚

禧」，「子孫永保，福祿無疆」，「以綏萬邦，以蘄豐年」。現此環已軼失，惟存於敏中所繪《寶環圖識》一冊。清代宮廷製造的仿古蚩尤環，皆以《寶環圖識》所繪玉環為本，作成兩環相套，又可榫接的形式，採用青玉、碧玉、白玉為原料，數量頗多。這些環之內剖面所刻皆為楷書乾隆御製詩：「合若天衣無縫，開仍蟬翼相連」，「乍看玉人琢器，不殊古德談禪」，「往復難尋端尾，色形底是因緣」，「霧蓋紅塵溫句，可思莫被情率」，六言四聯八句，並有陰刻填金「乾隆年製」款，器皆不加作舊處理，一看便知為宮廷仿古玉。

3．仿古玉圭、戚。玉圭是古代重要禮器，清代宮廷製造的仿古玉圭極多，其中較重要的是一批刻有「乾隆年製」款及千字文序號的玉圭、玉戚，現存僅有「地字二號」、「元字三號」、「黃字四號」、「洪字七號」、「荒字八號」、「火字七十五號」幾件。這批玉器，至少應有七十五件，但絕大多數已不知去向。玉圭為長方形或梯形，上面分別雕人面紋、鷹紋、鳥獸紋、獸面紋。其中「黃字四號」近似玉戚，為舊玉磨平後再仿刻商代鷹、獸紋，器物兩側留有舊玉受沁後質地變軟的痕跡。「地字二號」、「元字三號」相同，近似梯形，高17.2公分，上寬6.8公分，下寬5.2公分，正面為三道弦紋，弦紋上方雕一人首，人首四獠牙，兩耳飾環，與傳世玉器中所謂龍山文化玉人頭相同。面頰兩側各雕一小人頭，小人頭的雕法與故宮博物院收藏的鷹攫人首玉器（商代）上的人首相同。圭背面為變形獸面紋，結構仿龍山文化玉器。

（二）仿漢代玉器

清宮玉器考古研究的一項突出成就，是對漢代玉器的準確認識和鑒別，這一成就被運用於玉器製造方面，產生了大量的仿製漢代玉器，其主要品種如下：

1．仿漢代玉璧。一般說來，商代以前的璧皆為素璧，體積較大。春秋戰國時的玉璧裝飾精美，種類繁多，用途極廣泛，體積較小。漢代玉璧體積增大，裝飾亦美，這一特點頗適合清宮將玉璧作為禮器和室內陳設品之用。因而清宮所製玉璧，很大部分仿照漢代作品，主要有穀璧、蒲璧和變形獸面紋璧。穀璧和蒲璧，在造型和工藝上竭力追求漢代特點，但不加作舊處理。變形獸面紋璧則不然，鼻、眼表現得更細緻，更複雜，面部還增加了變形雲紋作裝飾，給人以一種似漢而非漢的感覺。這類玉璧種類較多，最常見的有兩種，一種依漢璧樣式，璧中部以一周繩紋為界，界內雕蒲紋或穀紋，界外雕四組獸面。另一種是在璧肉上直接雕仿漢獸面紋或四靈紋，這種玉璧在社會上有流傳，一些鑒定家不敢貿然定其年代，往往推測為唐宋作品。

2．仿漢玉佩。清代製造的玉佩，很大一部分是在漢代玉佩的基礎上加以變化，在造型上較漢代玉佩複雜。也有一些玉佩同漢代作品非常相似，有的還曾被鑒定家誤認為漢

代作品。這類玉佩主要是雞心佩、蟠螭佩、「宜子孫」璧式佩。「宜子孫」璧式佩一般都裝於紫檀木匣中，配以詩畫冊頁，可能是宮中賞賜用品。漢代「宜子孫」璧式佩目前在山東地區已有發現，清代宮廷所製與之稍有區別，尺寸亦稍小。雞心佩和蟠螭佩與漢代作品惟妙惟肖，不僅螭形設計相同，就連佩上的勾雲紋及「〇」形裝飾紋，也係採用漢代玉佩上的遊絲跳刀方法雕刻而成，線條若斷若續，準確不亂，使依此特點鑒定漢玉的人皆上其當。但這類作品也有與漢代作品不同之處，或不作舊，保留清代宮廷玉器特有的蠟樣光澤，或用清代宮廷玉作特有的人工烤色法烤燒仿古顏色。

3・仿漢玉酒器。清宮所製玉雕仿古彝器極多，其形製多仿古青銅器，仿漢玉酒器的全貌目前尚需進一步探索。一些鑒定家經過排比，將一些故宮博物院現存的、經過作舊處理的仿漢代玉巵、玉角杯等暫定為明代作品，但據分析，這些作品中亦不乏清代之作。其中有充足理由能定為清代仿漢作品的，有故宮博物院現存的一件單柄活環杯。個別學者曾認為這件玉杯是漢代製造，但玉杯所配木座上有乾隆題記，記載了宮廷玉匠姚宗仁肯定其為宗仁之祖所製仿漢玉器的經過，以及玉杯作舊的方法。所述作法與此玉杯上舊特點相符，足以說明玉杯確為清代仿製。

4・仿古鹿盧環。鹿盧環為一大一小兩個相連之環，疊合後小環可套於大環之內，小環還可橫向轉動。元人朱德潤《古玉圖》中繪鹿盧環兩個，考其為佩劍之飾，就環的紋飾風格看，應是漢代玉器，但目前考古發現的漢代玉器中，還未見到鹿盧環實物。清代製造的鹿盧環與《考古圖》所繪稍有區別，一般都為圓形。雍正時期的作品為墨黑色，圓形，環的截面為方形，兩環邊緣略凸，兩面雕仿古穀紋，兩環榫接處雕一小螭，整體風格仿漢或戰國玉器，環外側篆刻「雍正年製」款。

5・其他仿漢代玉器。清代宮廷製造的仿漢代玉器很多，數量較大的是玉獸、玉鳥、玉劍飾等。玉獸大致為兩類：一類是羊、馬、熊等現實主義作品；再一類是神化了的獨角異獸，這類玉獸一般都帶有翅膀。玉鳥主要是仿漢代玉鳩首，漢代人崇尚鳩，認為它是不噎之鳥，漢天子曾將鳩首賜給老人，以表示不噎。這些作品一般不進行作舊處理，在雕法、拋光等方面保留著清代玉器的特徵。玉劍飾產生得非常早，漢以後，佩玉飾劍之風極盛，玉劍飾大量生產。清宮遺存的玉劍飾很多是漢代製品。也有一些作品，雕琢風格雖近似漢代，但表面毫無光澤，似有水浸泡後留下的水鏽，又帶有成片紅褐色泥子以充沁色，顏色顯然為人工所染，其手法又與清代無異，似為清代仿漢之作。

（三）仿唐代玉器

到目前為止，唐代玉器發現還很少，清代宮廷藏玉中，屬唐代的玉器為數更少，這給

仿製唐代玉器帶來了一定的困難，因而宮廷仿唐玉器數量較少，目前發現僅有玉人及玉硯等幾種。

1．仿唐代玉人。清代仿唐玉人有玉飛天、玉佛像等，較重要的是一件官服玉人。仿製品和所本原件皆為清宮遺存珍玩，同嵌於「藝圃掌珍」錦套裏的硬紙冊頁上，同冊還有乾隆御筆所繪梅、竹冊頁，由此可知乾隆帝對這兩件玉人的珍視。兩件玉人皆長4.6公分，寬1.6公分，厚0.7公分，原件為白玉，立人形，雙袖掩手，合於胸前，玉人身著長袍，左衽，袖及衣邊有細陰線刻斜道，頭頂為平形髮冠，頂髮由細密剛勁的陰刻線雕成。額頭、頂髮、兩袖及下擺有黑色水銀沁五處，頭頂後部磕缺一處，由沁色和雕刻工藝可看出這是一件舊玉，它的風格不同於宋以後的玉人，也不同於漢以前的玉人，鑒定家們據其服飾確定為唐代玉器。第二件玉人的尺寸、形狀幾乎同第一件完全相同。不同處在於使用的玉材為東北地區產的岫岩玉，顏色青綠，衣袍邊緣的裝飾線條間距較大，頭髮雕得淺細曲折，已失古樸之意，玉人的下部沿綹縫處用人工染色法染成黑褐色。第二件玉人有兩處具有明顯的清代製品特點：第一是頸項以上刻痕較新，有的線條還保持著刀刻後的新碴。第二是人物的開臉方法及五官的結構，都有清代玉人的雕刻風格。據此可以斷定第二件玉人是第一件的仿製品。兩件玉人都備受乾隆帝的喜愛，第一件無疑是因為器物本身的古樸和稀少，第二件則在於仿製的巧妙。

2．仿唐「風」字形硯。「風」字硯是唐五代時流行的硯式，形如「風」字，或曰形如鐘。但上端是平的，以端石、歙石所製為貴，唐代是否有玉製品，目前尚不明確。清代宮廷遺物中有玉製仿唐「風」字硯，硯形如「風」字，上部有一硯池，硯膛極淺，硯的邊緣有凸起的裝飾線，硯表面為黃褐色的燒古顏色。玉硯是硯中精品，它具有石硯的全部優點：不吸墨，墨在硯上不易變乾變稠；發墨快；出墨細；書寫後容易表現墨的光澤；不損筆，主要是不損筆毫。玉硯的製造需要很高的技術，主要表現為對硯膛的處理，玉的硬度極高，不易加工，硯膛粗細不在於玉質本身（石硯主要取決於石質），而在於加工的方法。一次定型後，使用中不易發生變化。如果製造時磨得過細，則滑而不發墨，猶如玻璃；磨得過粗，則硯膛如鉎，發墨粗又易傷筆毫。清宮所用仿古「風」字玉硯，硯膛細潤，硯形古拙，嘉慶帝異常喜愛，硯底銘刻「嘉慶御賞」篆書字樣。

（四）仿宋、元、明玉器

清代宮廷仿製的宋、元玉器數量和種類都較多，主要有仿宋代玉人、玉杯、玉佩，仿元代玉爐頂、玉帶扣、帶鉤，這些仿製品的製作極下工夫，不僅追求形似，而且在工藝上和細微局部的加工上都具有宋元風格。

仿明代玉器最典型的是仿「子剛」款玉器。明人徐樹丕《識小錄》曰：「畫當重宋，而邇來忽重元人。窯器當重哥、汝，而邇來忽重宣德、成化，以至嘉靖亦價增十倍，若吳中陸子剛之治玉……亦比常價數倍。」由於這股收藏風的盛行，隨之產生了一股仿製、偽造之風。清宮遺存的玩器中，假宣德爐、假果園廠漆器、假景泰款琺瑯器、假三松款竹雕比比皆是。陸子剛是吳中著名玉匠，清宮遺玉中，「子剛」、「子岡」或類似款識的玉器有數十件。這些玉器有的收藏於精緻的盒匣中，有的作嵌件嵌在木、漆器上，其中絕大多數是明、清時代的仿製品。子剛款鶴鹿同春磬就是一件代表作。磬長25.7公分，寬8.3公分，呈「八」字形，上部凸出鏤雕雙夔龍，磬一面雕鶴、鹿、松樹、靈芝；另一面刻詩句及款識。從磬的造型、紋飾結構及上部雙夔龍的雕製看，皆具清代宮廷玉器特點。磬表面還仿照明代玉器磨出所謂玻璃光，但終不及明代玉器亮，並於光亮中含有潤蘊之色。

二、宮廷仿古玉器的製造

宮廷仿古玉的製造過程大體可分為造型、紋飾加工和染色作舊兩個步驟，有些作品兩個步驟都要進行，有些則只仿古而不作舊，下面分述這兩個步驟的情況。

（一）造型與紋飾加工

1．按照流傳的古玉圖錄製造。在清代，流傳著《古玉圖》、《考古圖》、《三禮圖》、《古玉圖譜》等宋、元時代的考古圖錄，這些圖錄中摹繪了許多古玉形狀，清代宮廷曾按照這些圖錄製造了一批仿古玉器。據造辦處檔案記載：乾隆八年十一月初七日，清帝曾命照《考古圖》做白玉馬、白玉仙人、碧玉虎等器，並燒漢玉顏色。另外清代宮廷遺玉中有一些玉圭是按照《三禮圖》所繪圖案製造的，有的還在《三禮圖》所繪玉圭基礎上加以變化。由於圖錄中所繪玉器缺乏考古依據，又摻雜了很多想像的成分，因而依圖所製的玉器與真正的古玉器差距較大。

2．以古玉為據稍加變化或將不同古玉的造型、紋飾加以拼湊。如清宮收藏的白玉禮樂杯。為宋元時的作品，杯高7.2公分，口徑11公分，圓形。雕二仕女為耳，杯口飾回紋一周，杯外雕「工」字形錦地，浮雕通景十仕女奏樂圖，並有鹿頭為飾。清宮仿製品形狀與其相似，亦為圓形，雙仕女耳，但紋飾稍異，杯外口沿飾雲紋。腹部浮雕王公、王母及女僕共十人，並有壽鹿、龜巢、仙鶴，人物佈局與禮樂杯也很接近，杯底刻「乾隆仿古」款。

3．完全照舊器仿製。這類作品較多，仿製的不僅有古器，也有工藝水準較高或為清

帝所喜愛的近代製品。清宮造辦處活計檔記：乾隆三十五年五月二十二日「接得李文照押帖一件，內開五月十六日太監胡世杰交漢玉雞四件，漢玉魚一件，漢玉月牙扇器一件，隨雕漆盒二件。傳旨：著如意館挑有顏色玉照雙雞配做雙雞一件，頭上留紅色，再照紅漢玉雞配做一件。月牙扇改做雞一件，挑白玉配做臥兔一件，得時擺淳化軒。欽此。」又記：「於本月挑得回殘皮糙玉二塊，畫得雙雞一件，臥兔一件，雞一件，魚一件……奉旨照樣準做。」在造辦處檔案中，類似的記載還可看到。

4.舊玉改造。舊玉改造是清代玉器行業中常用之法。用舊玉改製的玉器不易被識破，能以次玉冒充貴重的古玉。這種舊玉改造之風，在清代宮廷內也行之極盛。地方貢入宮廷的古玉，有一部分不適合宮廷陳設、收藏的需要，但又不能扔棄，往往被改製成仿古器。清宮遺玉中屬舊玉改造的有以下三種情況：

第一種：舊玉翻新。常見於商代以前的玉，一些厚薄不勻或方圓不中規矩的玉常被琢磨、改造成較精緻的作品。如宮廷收藏的一件乳環，片狀，圓環形，孔上面和下面各出一周飛翅。經改造，環被磨得極薄，顯得既平又亮，飛翅也矮了一些，用做玉杯之托。另外，宮廷內還經常把一些原來做得不精的玉器加以改造。造辦處活計檔記：「正月二十九日，接得郎中李文照押帖一件，內開正月初四太監胡世杰交舊玉五老山石陳設一件。傳旨，著啟祥宮將五老改做商山四皓圖。欽此。」

第二種：舊玉後刻花。多見於璧、圭、斧、璜一類古玉。這些古玉本無紋飾或紋飾較少，刻花以提高觀賞價值，所刻花紋多呈漢代風格。清宮收藏的一件良渚文化玉璜，長13.7公分，寬2.7公分，厚0.9公分，弧形，頂面浮雕三獸面。獸面雕法如蚩尤冠，是在凸起的圓片上用手工刻出細線構成五官紋飾。璜的兩面則為清代加刻的仿古勾雲紋，線條極纖細，為高速轉動的砣子砣出，由於保存較好，線條尚似新刻，是後刻花玉器的代表作品。

第三種：舊玉後加款。這類情況較複雜，總體上講是以真古玉冒充仿古玉，在一些古代玉器上刻上「雍正年製」或「乾隆年製」款。後刻清代款的玉器一般都是元、明時的玉器，以杯、碗類為多。

（二）作舊方法與識別

宮廷仿古玉分為兩類：一類是未經作舊處理，刻有仿古款識或不刻款識的，這類器物一般都帶有清代玉器的工藝特點，較易識別；另一類是經過作舊處理，清代製玉工藝特點極不明顯的作品，識別這類玉器就需瞭解它的作舊方法及特點。

古玉作偽之法，自宋、明至清，歷時近千年的演變，日臻完善，方法多樣，極難辨

別。清代宮廷仿古玉，集歷代作偽法之大成，種類異常繁多。

　　清代文獻中記載的玉器作舊方法甚多。紀昀《閱微草堂筆記》言：「又余在烏魯木齊時見故大學士溫公有玉一片，如掌大，可作臂格。質理瑩白，面有玉斑四點，皆大如指頂，鮮活如花片，非血浸，非油煉，非琥珀燙，深入腠理而暈腳四散，漸遠漸淡，以至於無，蓋天成也。又嘗見賈人持一玉簪，長五寸餘，圓如畫筆之管，管上半紙白，下半瑩澈似琥珀，為目所未睹，有酬以九百金者，堅不肯售，余終以為藥煉也。」紀昀為乾隆時人，從這段記述中可以得知，血浸、油煉、琥珀燙、藥煉均是當時染玉作舊的一般方法。

　　清末時人劉大同在《古玉辨》中記述更為詳盡，他對清人陳性《玉紀》所記古玉作偽之法進行了再述和補充。「偽造古玉之法，虹光之草，似茜草，出西寧深山中，汗能染玉，再加腦沙少許，燃以竹枝烤之，紅光自出，此法名曰老提油，今已不多見矣。新提油之法，用烏木屑煨之，色即黑；用紅木屑煨之，色即紅，今玉工偽造多用此法」。另外，劉大同還列舉了「偽造傳世古」、「偽造土花血斑」、「偽造水坑古」、「偽造牛毛紋」、「偽造受地火者」、「阿叩偽造法」、「提油偽造法」、「油炸儈」、「灰提油法」等方法，這些都是當時古玉作偽最流行和最一般的方法，在宮廷仿古玉的製造中也不乏使用。

　　從清代宮廷遺玉中，能看出以下幾種仿古玉作舊的情況：

　　1．琥珀玉。乾隆御製《玉杯記》記述了玉工姚宗仁所述其祖（約為康熙時人）進行玉器作舊的方法：「染玉之法，取器之紕類且窓者，時以夏取而熱潤也，熾以夜陰沉而陽浮也，無貴無瑕，謂其堅完難致入也。乃取金剛鑽如鐘乳者，密施如蜂薑，而以琥珀滋塗而漬之，其於火也，勿烈勿熄，夜以繼日，必經年而後業成。」姚宗仁還記認了其祖所製的仿古器物，這些器物上大致表現了四種作舊方法。

　　（1）用金剛鑽刻劃出斑點，斑坑中塗有暗黑色泥子，斑坑多呈三角形或十字形，還有的呈「＊」形；（2）赭色片狀斑，顏色深淺不一，似已沁入玉理，與真正古玉上的沁色差別不大；（3）局部為雞骨白色沁斑，斑片很小，分佈較疏散；（4）在玉質原有絡縫中塗入顏料，再行燒烤，即紀昀所言「琥珀燙」。

　　2．血沁玉。據古玩家說，玉於墓葬中受屍血浸侵，會變成暗紅色，稱為血沁，「受血沁者其色赤，名曰棗皮紅」。清宮遺玉中，有一些帶有暗紅顏色的玉器，其色是否為血沁，一直是個迷。在一些古玩家看來，有關玉受血沁而變紅的說法似以成定論，但考古發掘得到的玉器，幾乎沒有帶血色沁色的，即便屍體手中所握或七竅所塞之玉也不見帶有血沁色。因此一些人對血沁的說法一直持懷疑態度。近年在整理清宮遺玉時發現了兩件玉鎮紙，它所帶的赤赭色，肯定是人工所染。鎮紙長6.3公分，寬25.3公分，高1.6公分，

一面篆書「慮傀玉尺建初六年八月十五日造」，另一面分別篆書「乾隆辛未」及「歲次丙申」。鎮紙表面為紅赭色，下半截3至4公分高為清白色，清白色處又有綹裂，裂縫中滲入赭紅色。玉器所刻「乾隆辛未」似為製造時年號。這兩件鎮紙是乾隆朝宮廷製造的仿古玉器，上面沁色的染製方法尚不見具體記載，或許與《古玉辨》所言虹光草有關。這兩件玉器為人們提供了人工染赭紅色玉的確鑿標本。

3．烤色。乾隆四十八年成作活計清檔正月行文記：「初六日……太監厄魯里交漢白玉龍首觥一件。傳旨：著刷洗好呈覽。欽此。隨將漢白玉龍首觥一件刷洗好持進交太監厄魯里呈覽，奉旨發往蘇州織造，交四德將有不恬處燒補顏色，得時送來。欽此。」從造辦處檔案中可以看到，烤色技術主要用於掩飾瑕綹和仿製古玉兩方面，掩飾瑕綹是為了裝飾，仿古玉烤色則是為了仿製土沁。在一些地區出土的古代玉器上，常帶有黃色斑片，古玩家稱之為土沁，「受黃土沁者，色如甘栗，名曰玵黃」。這種顏色在漢代和元代玉器上出現較多，有些並非土沁，而是當朝製造時所染。清代宮廷仿古玉的烤色主要施用於仿漢代玉器和仿元代玉器。經過烤色的仿古玉如果在雕工、造型上無明顯漏洞，不瞭解清代烤色技術之人是很難鑒別的。

由於玉器烤色技術又被施用於掩飾瑕綹，這就為人們進一步認識它提供了機會。在整理清代玉器時，人們發現一些清代玉器上常帶有黃色斑片，最初，認為這是玉皮之色（玉璞之皮），後來發現這些黃色總是出現在玉的綹縫和瑕斑處，尤其是玉質明顯劣於其他部位之處，常被罩上一層黃色。一些器皿外部若有黃色，與之相對應的器皿內部也有黃色，因而可以肯定這決非玉皮，而是人工所製。這種烤色深如橘黃，成片時又發赤黃，微透明，呈絲狀或片狀，遇綹縫則沁入其中。這種烤色，同仿古玉上的烤色基本相同。

4．利用玉皮製造。玉皮往往色深而質糙，近似舊玉之色，因而能夠冒充舊玉。前面所引乾隆三十五年五月二十四日造辦處檔所記：「於本月挑得回殘皮糙玉二塊」就屬這一類。

5．泥子色。即用泥子做出假沁色，有黑、赭、土黃等色。具體施用方法有三種：第一種，於器物表面薄施，顏色較淡，黏結甚牢，不易刮掉。第二種，將玉器表面鏨出極小的坑，於坑內補入泥子，冒充糙朽之玉。第三種，於玉器綹縫中填入泥子。

三、宮廷仿古玉器產生的條件

宮廷仿古玉是特定歷史條件下的產物，決定它的數量和整體特徵的是當時社會對它的需求及可能為它提供的生產與技術條件。

（一）清代宮廷對於仿古玉器的需求

宮廷對仿古玉的需要主要表現在禮儀、佩飾、陳設等幾方面。

璧、琮、圭等玉器，最早見於新石器時代，後來演化為封建社會的禮器。《周禮‧春官‧宗伯》有「以玉做六器，以禮天地四方。以蒼璧禮天，以黃琮禮地，以青圭禮東方，以赤璋禮南方，以白琥禮西方，以玄璜禮北方」的記載。漢以後的各朝，多延用「蒼璧禮天，黃琮禮地」。《周禮‧春官》還記載：「王晉大圭，執鎮圭……公執桓圭，侯執信圭，伯執躬圭。……四圭有邸以祀天旅上帝，兩圭有邸以祀地旅四望，裸圭有瓚以肆先王。」這些禮法也為後來朝代所沿用，構成了我國古代應用玉禮器制度的重要內容。

清代禮制雖包含了部分滿族禮儀，主體依然採用了中國傳統的禮儀之制。禮儀活動中器物的使用，尤其是玉器的使用，幾乎不含滿族舊儀。《清史稿‧禮志一》記：「玉六等，上帝蒼璧，皇地祇黃琮，大社黃珪，大稷青圭，朝日赤璧，夕月白璧。舊制，社稷壇春秋常祀用玉，禱祀則否。乾隆三十四年，會天旱禱雨，諭曰：『玉以芘蔭嘉穀，俾免水旱偏災，特敕所司用玉將事。』自此為恒式。」這些規定，繼承了古代以璧禮天，以琮禮地，社稷用圭的傳統，也體現了宮廷對璧、琮、圭等玉器的需求。

至於宮廷陳設和佩飾所用，對古玉、仿古玉的需求則更甚。

（二）宮廷玉器考據學的發展

清代是我國古代考據學高度發展的時期，從規模上看，從事文物考據學的學人眾多，隊伍宏大，衛聚賢據宣哲《金石學著述考》統計，清以前研究金石之學人為八百五十五人，清代則為一千五百零五人，超過了歷朝人數總和。從方法上看，文物考據學人受到乾嘉考據學派影響，頗具文獻考據功夫。

清代文物考據學人注重研究文物器形、名稱、文字，文獻考據的風氣直接影響到宮廷，得到了帝王的支援，宮廷組織編纂了《西清古鑒》、《寧壽鑒古》、《西清續鑒》等考古著錄，清帝還舉經立說，對古代玉器名稱、用途加以考釋，以利教化。

乾隆帝尤為重視古代玉器的考釋，親自寫了《圭瑁說》、《瑑圭說》、《五瑞五器說》，並為眾多的古玉題銘、題詩，這無疑給古代玉器研究帶來了巨大影響。在清代帝王帶動下，一些文人學士，金石學家也涉足玉器研究。

在眾多學人的努力下，清代學術界對於古玉的研究，較宋、元、明三朝又有進步，揚棄了憑空議論的弊病，而以真實的古器為本，參照文獻進行考釋。尤其是吳大澂《古玉圖考》一書，所繪玉器絕少有宋元之後出現的假古玉，所作考釋頗有價值，對於一部分玉器

製造年代的判斷也較準確。

　　清代，雖然對古墓葬尚不能進行科學發掘，也沒有較科學的地層學概念，對傳世玉器的鑒定亦不能同現代相比，但古玉考據學的發展，大大提高了對古代玉器時代鑒定的準確性，對商、周之後玉器特徵的研究，也有了初步的類型學概念。這一成果，在乾隆對於部分古代玉器的鑒定中表現得較為明顯，如漢代「長樂」玉璧，圓形，兩面為稀疏的穀紋，廓外鏤雕「長樂」二字，字外側蟠螭紋。這種式樣的玉璧，僅山東發現過一件，其字為「宜子孫」，與此璧稍有不同，但風格一致，乾隆定其名為「漢玉長樂佩」。題詩「長樂號鑴宮，炎劉氣蔚虹」。現在看來，乾隆的鑒定是準確的。漢玉辟邪，細頸，短肢，有翅，身飾「。」、「v」、「ᴟ」形細刻飾線，面部有數個尖狀凸起。這件辟邪曾被定為魏晉作品，但是，乾隆曾題詩一首，刻於辟邪腹部：「茂陵萬里求天馬，既得作歌紀瑞文。看有角為奇弗偶，屬無皀至鎬和汾。肖形刻玉太乙貺，閱世出邙長樂居。漫議水銀浸鮮據，漢家長用有前聞。」署「乾隆御題」。據詩可知，乾隆認為這件玉器是漢代作品。近幾年，漢代玉辟邪、玉天馬相繼在陝西出土，其玉辟邪的短肢與身上的細刻飾紋，玉馬面部的尖狀凸起，均同這件玉辟邪極相似，由此而知，乾隆定其為漢代作品實為不謬。

　　清代宮廷遺物中，帶有乾隆御銘及題詩的玉器極多，從這些玉器及題詩中可以看出，當時對漢代玉器的特徵已認識得非常準確，這就為仿製漢代玉器提供了依據。

（三）宮廷玉器仿古技術的進步

　　在我國，仿古玉器行業有著漫長的歷史，追蹤其源，可以上溯至宋代。唐至五代，玉器的製造一改戰國、漢晉風格，形成了以花鳥為主要裝飾的寫實風格。宋代玉器品種大增，在延續唐代風格的同時，出現了仿戰國、漢代風格的仿古之作。到了明代，仿古之風依然不輟，以至明晚期陸子剛等著名玉匠也有仿古之作。

　　宋、元、明時期仿製的古玉，多係似是而非之作。整體上雖有戰國秦漢風格，而細部卻去古甚遠，雜有很多個人的想像。仿製方法和作舊手段上也顯得工力不足。其主要原因是對古代玉器還沒有準確的認識和把握，分不清不同時代玉器的不同特徵。這一時期的重要考古著作有傳為龍大淵所著《古玉圖譜》、朱德潤著《古玉圖》、曹昭著《格古要論》等，其考證玉器的主要方法尚不能擺脫按圖索驥的俗套，多是從古文獻中摘出有關記述，然後再找傳世器物附會，因而書中所繪玉器，不乏當代作品和仿古之作。在這種認識指導下的仿古玉自然不會成功。

　　清代仿古玉器同前代相比有了很大提高，主要是掌握了古代玉器的特徵，作舊方法上也有發展。清代宮廷作坊的作品，代表了仿古玉的最高水準，在作舊技術上，也小有突

破，著名玉匠姚宗仁，在對清初的作舊玉器進行比較後，口述其祖作舊之法，乾隆聽後十分讚賞，並為之作記，這說明宮廷對玉器仿古技術的重視。

（四）清代宮廷搜集、整理大量古玉器

清代數百年間，宮廷大量收集古物，這些古物是故宮博物院古代藝術品藏品的主要組成部分，而玉器在其中又佔重要位置。

古代玉器進入宮廷的主要途徑是地方官和朝臣的進貢。皇帝個人的喜愛，宮廷對於古代玉器的需求，古代玉器所表現的市場價值，都是玉器成為重要貢品的原因。乾隆四十一年三月十二日，淮安關監督寅著所進貢品有「文竹五福捧壽盒，內呈漢玉玩器九件。文竹長方九鼎盒，內呈漢玉招文帶四件。文竹扇面盒，內呈白玉玩器五件。文竹菊花盒，內呈漢玉玩器五件。文竹雙璧盒，內呈漢玉玩器二件。文竹磬式盒，內呈漢玉君子佩成件。文竹高方盒成對，內呈漢玉兒童竹馬成件，江玉蟾宮折桂成件。文竹長方盒成對，內呈漢白玉佩成對，漢玉掠髮二件。文竹腰圓盒成對，內呈漢玉圓璧四件。文竹方勝盒成對，內呈漢玉覆臍三件，漢玉拱璧一件。文竹冊頁盒成對，內呈白玉五龍佩成件，白玉虎符佩成件。文竹萬卷書盒成對，內呈漢白玉秋蟬四件。文竹天然挑式盒二對，內呈白玉玩器四件，漢白玉玩器四件。文竹花籃盒二對，內呈漢玉玩器四件」。共計玉器六十二件。所謂「漢玉」，據《玉紀補》一書解釋，乃「玲玉」之音轉，指的是舊玉。這份貢品主要是玉器，其中絕大部分是古玉。與此相類的貢單，在清宮進單中佔相當數量。為數眾多的古玉從全國各地源源貢入宮內，致使宮廷內部擁有了一個數量大，品種多，類型豐富的古玉器群。當然，這其中亦包括相當數量的仿古玉。

在收藏的基礎上，宮廷對於古玉進行了鑑別、定級。乾隆時，曾把古玉分為甲、乙、丙等級別，乾隆御製《古玉斧佩記》記述了對一件玉斧的鑑別情況。「內府銅玉諸器，率以甲乙別等第，茲古玉斧佩一，白弗截肪，赤弗雞冠，土漬塵蒙，列其次為丙，而棄置之庫亦不知幾何年矣。偶因檢閱舊器，覺有所異，命刮垢磨光，則穆然三代物也。嗟乎！物有隱翳埋沒於下，不期而遇識拔，尚可為上等珍玩，若夫貞干良材，屈伏沉淪，莫為之剪拂出幽，以揚王庭而佐治理，是誰之過歟？吾於是乎知慚，吾於是乎知懼」。

清宮參與玉器整理的不僅有帝王，還有從事玉器製造的工匠，他們對古玉器的搜集和鑑別整理，客觀上推動了仿古玉工藝的發展。首先是通過整理傳世古玉，較深入地瞭解了各時代玉器的製造特點；其次是通過整理，確定了各時代玉器的標準器物，在這一基礎上進行仿古玉製作，就比最初按照《古玉圖》製造古玉器大大前進了一步。

附錄四　參考文獻

（元）朱德潤著：《古玉圖》。

（清）吳大澂撰：《古玉圖考》。

安徽省文物局：《安徽省出土玉器精粹》，台北雜誌美術出版社，2004年。

邵國田主編：《敖漢文物精華》，內蒙古文化出版社，2004年。

唐際根主編：《安陽殷墟出土玉器》，科學出版社，2005年。

劉云輝主編：《北周隋唐京畿玉器》，重慶出版社，2000年。

陝西省博物館編：《長安瑰寶》，陝西人民美術出版社，1985年。

楊伯達主編：《傳世古玉的辯偽與鑒考》，紫禁城出版社，1984年。

楊伯達主編：《出土玉器鑒定與研究》，紫禁城出版社，2001年。

殷志瑤、丁邦鈞編著：《東周吳楚玉器》，台北藝術圖書公司，1993年。

徐湖平主編：《東方文明之光—良渚文化發現60周年紀念文集》，海南國際新聞出版中心，1996年。

鄧聰主編：《東亞玉器》，香港中文大學考古藝術中心，1998年。

中國國家博物館、徐州博物館編：《大漢楚王—徐州西漢楚王陵墓文物輯萃》，中國社會科學出版社，2006年。

那志良著：《古玉鑒裁》，台北國泰美術館，1980年。

付忠謨著：《古玉精英》，香港中華書局股份有限公司，1989年。

楊伯達主編：《古玉精萃》，上海人民美術出版社，1989年。

張廣文著：《古玉鑒識》，廣西師範大學出版社，1993年。

于建設主編：《紅山玉器》，遠方出版社，2004年。

牟永抗主編：《良渚文化玉器》，文物出版社，1989年。

朝陽市文化局、遼寧省文物考古研究所：《牛河梁遺址》，學苑出版社，2004年。

姜濤等編：《三門峽虢國女貴族墓出土文物精粹》，台北眾志美術出版社，2002年。

錢憲和、方廷能編：《史前琢玉工藝技術》，台灣博物館，2003年。

考古研究所編著：《殷墟玉器》，文物出版社，1982年。

楊伯達主編：《中國美術全集・工藝美術編・玉器》，文物出版社，1986年。

楊伯達主編：《中國玉器全集》，河北美術出版社，1993年。

周南泉主編：《故宮博物院藏文物精品全集・玉器》（上、中），香港商務印書館，1995年。

張廣文主編：《故宮博物院藏文物精品全集・玉器》（下），香港商務印書館，1995年。

鄧淑蘋主編：《新石器時代玉器圖錄》，台北故宮博物院，1992年。

國家圖書館出版品預行編目資料

你應該知道的200件玉器／張廣文主編：北京
　　故宮博物院編.——初版.——台北市：藝術家
　　民97.06
　　面17×24公分　（故宮收藏）
　　參考書目：面
　　ISBN　978-986-7034-95-3（平裝）

　　1.玉器　2.圖錄

794.4025　　　　　　　　　　　　97010380

你應該知道的200件玉器

北京故宮博物院・編／張廣文・主編

發行人　何政廣
主　編　王庭玫
編　輯　謝汝萱、沈奕伶
美　編　柯美麗

出版者　藝術家出版社
　　　　台北市重慶南路一段147號6樓
　　　　TEL：（02）2388-6715～6
　　　　FAX：（02）2331-7096
　　　　郵政劃撥：0104479-8號　藝術家雜誌社帳戶

總經銷　時報文化出版企業股份有限公司
　　　　倉庫：台北縣中和市連城路134巷16號
　　　　電話：（02）23066842

南部區域代理　台南市西門路一段223巷10弄26號
　　　　　　　TEL：（06）261-7268
　　　　　　　FAX：（06）263-7698

印　刷　欣佑彩色製版印刷有限公司
初　版　2008年（民國97）6月
定　價　台幣380元

ISBN　978-986-7034-95-3（平裝）
法律顧問　蕭雄淋
版權所有・不准翻印
行政院新聞局出版事業登記證局版台業字第1749號

本書中文繁體版由紫禁城出版社　授權